술꾼의 남편

술꾼의 남편

지설완 수필집

수필과비평사

■ 책을 내면서

게으른 수필가의 변

 이제서야 수필집을 출간하게 되었습니다. 수필이라는 이름으로 1994년에 첫 작품을 쓰고, 1998년 〈술꾼의 남편〉으로 《수필과비평》을 통해서 등단했습니다.
 나의 수필 은사님은 가끔 제게 "수필집 이제 내야지요." 하십니다. 요즘은 포기하셨는지 제가 부담을 느낄까 해서인지, 올해는 채근하지 않았습니다. 같이 등단한 작가들은 아마도 열 권 이상, 작게는 대여섯 권 수필집을 출간했으리라 생각됩니다. 등단한 지 1~2년 되는 수필 동인들도 대부분 수필집을 한 권 이상 출간했지요. 하물며 원로 선배(?)라는 말도 듣는 상황에 수필집을 내지 않은 수필가는 아마도 제가 유일하지 않을까요.
 작가의 얼굴은 저서로 말하는데 그야말로 직무유기 작가로 얼굴 없는 작가이지요. 이제 수필집을 내면서 삼십 년 가까이 갖고 있던 나의 글 짐들을 내려놓습니다.

컴퓨터 파일에 갇힌 제 글들이 이제야 밖으로 나와 자유롭게 날아갑니다. 오십여 편의 글에 미미한 저의 역사와 철학과 우주 그리고 이야기가 담겨 있겠지요. 아직 저를 기억하는 수필작가들은 여전히 '술꾼의 남편'을 떠올릴 것입니다.

책 제목을 《술꾼의 남편》으로 출간합니다. 등단한 지 삼십 년 가까이 되어 수필집을 내게 되어 민망합니다.

애써 부끄러워하지 않겠습니다. 포기하지 않고 수필집을 내는 저를 용기 있다고 말하고 싶습니다.

첫 수필집은 등단 전후의 글부터 대부분 코로나19 이전까지의 글로 이루어졌습니다. 2024년에 타임머신을 타고 몇 십 년 시공간을 넘나들지도 모릅니다. 코로나19 이후의 쓴 글들도 가능한 빨리 책으로 묶어보고 싶습니다. 말이 앞서지요. 내심 말부터 하면 이루어지지 않을까 하는 꼼수입니다. 제가 한 말에 책임을 져야 하나까요.

이 년쯤 뒤에 출간하게 되는 새로운 수필집을 상상합니다. 늦게 배운 도둑 날 새는 줄 모른다지 않습니까.

　이번 첫 출간을 계기로 부지런히 쓰고, 좋은 수필, 감동적인 수필을 탄생시키는 수필가로 한 걸음 더 성장하길 소망합니다. 제게 도움과 격려를 아끼지 않는 동료 수필가들과 한상렬 선생님께 감사를 드립니다. 사전 협의 없이 글 소재로 등장시킨 가족들에게 수필집 출간을 빌려 아낌없는 감사와 사랑을 전합니다.

2024년 봄날에
지설완

| 차례 |

■ 책을 내면서

1부 / 술꾼의 남편

술꾼의 남편 · 14

그 여자 그 남자 1 · 20

그 여자 그 남자 2 · 24

그의 취미 · 29

비범함이 증명되는 순간 · 34

체면이 뭐라고 · 39

728 · 43

유붕이자원방래하니 有朋自遠方來 · 47

커피와 위스키 · 51

정신 차려 이 친구야 · 55

2부 / 순간의 선택

칡향 · 62

두 갈래 길 · 66

뇌물의 힘 · 72

가면 · 77

기억의 자리 · 80

재미 · 86

설악산 · 90

가을 나들이 · 94

순간의 선택 · 98

붓을 들고 · 103

3부 / 골목 콘서트

골목 콘서트 · 108

말할 걸 그랬지 · 112

그때가 좋았어 · 117

남루하지만, 그리운 · 122

어머니의 나들이 · 131

쇠죽 끓이셨어요 · 135

장모님 무릎 괜찮으세요 · 138

새로운 도전 · 143

집으로 · 147

덕분입니다 · 151

4부 / 필화 사건

당신에게 · 158
보이는 게 다는 아니다 · 163
밴댕이 속 · 169
나의 보살 · 174
정근 · 178
우물 · 182
줄긋기 · 186
이상한 동네 · 189
필화사건 · 194
찜질방 풍경 · 199

5부 / 히에라폴리스의 유령들

만남 · 206

시엠립으로 가는 길 · 212

착각 · 217

그들의 기도 · 221

히에라 폴리스 유령들 · 226

던져버린 체면 · 232

중국 – 한눈팔기 5박 6일 · 236

산티아고 콤포스텔라를 그리며 · 254

|작품 해설| 한상렬(문학평론가) · 260
　　　영혼의 미세한 풍경, 섬세纖細와 기하학幾何學적 정신의 융합

1부

술꾼의 남편

술꾼의 남편
그여자 그남자1
그여자 그남자 2
그의 취미
비범함이 증명되는 순간
체면이 뭐라고
728
유붕이자원방래하니 有朋自遠方來
커피와 위스키
정신 차려 이친구야

술꾼의 남편

'술꾼의 아내'는 내가 좋아하는 어느 작가의 콩트집 제목이다. 술꾼의 아내라는 말도 작품 제목으로, 게다가 표제로까지 쓰이는구나 싶어 괜스레 위안이 되었다. 때로는 별게 다 위로가 되기도 한다.

"오늘은 일찍 올게."

남편은 내가 부탁하지도 않은 말을 하고는 집을 나선다. 그리고 어느덧 어김없이 한밤중 열두 시다. 통행금지가 있던 때가 그래도 술꾼의 아내에게는 마음이 편한 시절이었으리라.

들어오면 화를 낼까, 그냥 편하게 해줄까, 인삼차를 줄까 말까, 내일까지 눈길도 주지 말고 말도 하지 말까. 하긴 눈을 제대로 뜨고나 와야 '이럴까 저럴까'가 해당되지. 눈을 감고 동물적 감각으로 집을 찾아왔을 때는 장하다고 안아 줘야 할

지경이다.

술꾼의 아내가 되었다고 불평할 바도 못 된다. 결혼 전 같은 직장에서 근무를 했다. 회식이 있는 날은 항상 다른 이들보다는 더 마셨기 때문에 '뭐 저런 남자가 다 있어.' 하며 흉을 보기도 했다. 그러다 어찌해서 우리가 결혼하게 되었을 때. 그의 상대가 나라는 것을 알고 동료들의 어안이 벙벙한 표정이라니.

부산으로 신혼여행을 갔다. 태종대에서 유람선으로 오륙도를 돌아본 후 바닷가 바위에 앉아 여유를 즐기고 있었다. 보이는 것 모두가 아름답기만 했다. 눈앞에 보이는 섬이나 파란 바다 위를 날듯 떠가는 유람선 모두가 보기만 해도 좋은 풍경이었다. 주변에는 어디든 걸터앉으라고 유혹하는 바위들이고 철썩이는 바닷물은 더욱 낭만을 보태주었다. 아마도 술꾼인 신랑에게는 절호의 분위기였으리라.

신혼여행 중이라고 해서 신랑에게는 술을 삼갈 마음이 있을 리 없다. 부산의 '대선 소주'와 회를 시켜 자기 한 잔, 나도 한 잔하면서 찝찔한 바닷바람과 함께 맛있게 먹고 마신다. 그러다가 옆에 있던 연인들과도 권커니 잣거커니 하게 되었다. 그렇게 신랑은 얼마나 마셨는지 모른다.

호사다마라고 했다. 문제는 엉뚱한 데서 불거졌다. 신부인 나는 태어나서 회를 먹기 시작한 지 몇 번 안 되는 데다가 물을 갈아먹어서인가 뱃속이 부글거리기 시작했다. 지금이야 방귀도 트고 지내는 사이이지만 신부인 처지에 화장실에 가겠다는 말을 하기가 민망했다. 나는 슬그머니 일어나 화장실을 찾아갔다. 곧 나타날 줄 알았던 화장실은 아무리 뛰어다니며 찾아도 없다. 계속 올라가도 보이질 않았다. 진땀은 줄줄 흐르고 온몸은 오그라들었다. 입구에 가서야 화장실을 찾을 수 있었다.

잠시 후 터덜터덜 내려가니 그는 '대선 소주'를 얼마나 비웠는지 빈 병이 여기저기 널려 있었다. 우리에게 회와 술을 팔던 아주머니는

"새신랑이 색시 없어졌다꼬 화가 많이 났다. 색시 찾으러 서울 간다꼬 하는 거 말리느라 내사마 혼났다."라고 했다.

고등학교 수학여행을 빼고는 부산이 초행인 나는 길도 알지 못하는 처지여서 무턱대고 서울 간다고 한 신랑을 찾아 나설 수도 없는 일이었다. 안절부절못하며 신랑을 기다렸다. 한참 애를 태우면서 막막하게 기다리고 있는데 그 신랑이 비틀거리는 걸음으로 바닷가에 있었는지 올라오고 있었다.

부산을 따로 여행해본 적도 없으니 일단 택시를 불렀다. 그는 화가 절로 풀렸는지 아니면 색시를 찾아 마음이 놓였는지 택시를 타고는 이내 잠이 들어버렸다. 택시기사가 목적지를 묻

는다. 신랑은 잠이 들고 나는 지리 시간에 배운 동래온천이 생각났다.
"동래온천으로 가 주세요."
거의 이십 년도 더 된 일이다. 당시 택시 요금이 오천 원 나왔으니 꽤나 먼 거리였다. 그때 우리는 부산의 이쪽 끝에서 저쪽 끝을 간 것이었다.
그 후 가끔 나는 그 신혼여행을 무효라고 투덜거린다. 그 무효인 신혼여행의 탕감용으로 몇 번 제주도 여행을 다녀왔지만 그 때만 생각하면 씁쓸한 웃음만 비실비실 나온다.
남편이 술을 마셔야 하는 이유는 다양하다. 우선 집에서 마실 때다. 가족은 물론 가까운 이들의 생일은 당연하다. 이웃이 놀러 왔을 때, 친한 이웃들도 당연히 술꾼이거나 거의 비슷한 이들이다. 비가 추적거리는 날이면 두부김치에 막걸리, 사락사락 눈이 내리는 날은 얼음 띄운 양주에 치즈, 남편은 자신이 보던 책이 다 끝나면 책거리하느라 또 한잔한다. 이때는 삼겹살에 소주다. 아들아이의 시험이 끝난 날은 튀김 닭에 맥주를 마셔야 한다. 가끔은 촛불을 켜고 와인으로 분위기를 잡기도 한다. 그럴 때는 혹시 아내가 예뻐 보일 때인가.
다음은 밖에서 한잔할 경우다. 여행을 할 때 주변 분위기에 취해서 한 잔, 산에 올랐다가 내려오면서 기분 좋아서 한 잔,

어려운 일을 해결했다고 한 잔, 본인이나 동료에게 화가 나는 일이 생기면 또 한 잔, 다 열거하기 어렵다. 전출 전근으로 많은 이들이 이동할 때는 모든 이들이 남편과 술을 마시고 싶어 순번표를 받고 기다리는 듯도 하다.

별일 없이 귀가하는 날도 있긴 하다. 그런 날은 산책할 겸 시장을 보러 간다. 그때도 기회를 잘 잡는다. 생맥주집을 그냥 지나치지 않는다.

"그냥 오백만 딱 한잔할까?"

한동안 삼가는 듯싶더니 전출이 결정된 지금 무척 바쁘다. 아무개가 섭섭하다고 한 잔 샀다든지, 무슨 부에서 송별회를 해주었다느니 하면서 매일 푸푸거리면서 귀가한다. 앞으로도 해치워야 할 약속이 줄줄이 늘어섰으니 그는 얼마나 신이 날까.

그렇게 십수 년을 술꾼의 아내로서 함께했으니 나의 실력도 일취월장이다. 목마르다고 맥주병을 꺼내서 한 컵 마시고는 꼭 막아서 냉장고에 넣는다. 하지만 잠시 후 남은 맥주를 마저 따라 마시고 만다.

이제 나도 마셔야 할 충분한 이유가 하나, 둘 늘어가는 것 같다. 나로서는 어렵게 끝낸 한 편의 수필 작품을 축하해야 하니 한 잔, 펑펑 눈이 오는 날 좋은 음악을 들으면서 한 잔,

처량하게 숨죽이면서 흐르는 빗물을 보면서 남편과 눈이 마주친다. 염화시중의 미소가 이런가. 씨익 웃는다. '이런 날은?'

이러다가 남편이 '술꾼의 남편'이라는 제목으로 글을 쓰게 되지나 않을지 모를 일이다.

– 《수필과비평》 등단작, 1998년 11/12월

※ 〈술꾼의 아내〉 1993년 오정희 작가 단편소설.

그 여자 그 남자 1

 외출에서 돌아온 그녀는 주방으로 돌진하여 식사 준비를 한다. 남자와 마주앉아 식사를 하는데 그 남자는 다 먹더니 그 여자가 식사 중임에도 자연스럽게 일어난다. 그 여자는 그 남자의 식사가 끝나지 않으면 아무리 드라마가 보고 싶어도 일어나지 않는다. 하긴 그 여자가 식사하는데 ㄱ 남자가 앞에 앉아 기다린다고 있으면 불편할 정도다. 아마도 전생에 무수리였지 싶다.
 요즘 그 여자는 바빴다. 휴가 중인 남자는 혼자 점심, 저녁을 먹는 일이 잦았다. 어제도 두 끼 다 라면을 먹었다고 한다. 밥을 찾을 수 없었다나. 처갓집에 놀러 가면 그 남자는 휴가 중 한 번도 그 여자가 점심을 준 적이 없다고 강조한다. 그 여자는 하루 종일 혼자 있으면서 밥을 찾지 못했다고 라면으로 두 끼를 먹지는 않는다.

　영화 〈어바웃 슈미츠〉에서 갑작스레 아내를 잃은 보험회사 은퇴자인 슈미츠가 보험 가입을 위한 심사에서 아내를 보낸 남자가 제일 불리하다고 자조하는 장면이 나온다. 남자는 아내를 먼저 보내면 평균의 삶을 살 수 없다는 연구 결과가 있다는데 이 남자를 보면 아주 근거 없는 연구도 아니지 싶다.

　그 여자는 일박이일 일정으로 집을 비운다. 전날 밤 늦게 귀가한 바람에 몇 시간도 못 잤지만 게으름은커녕 평소보다 일찍 일어나서 그 여자가 없는 하루를 보상하는 심정으로 나물 무치고, 국을 끓여 놓는다. 마른 빨래는 개어 놓고 세탁한 빨래를 널어 놓는다. 좁은 집안에 다리에 쥐가 날 정도로 날아다닌다.

　그 남자는 여전히 이불 속에 있다. 미리 화장한 그 여자의 얼굴은 땀으로 범벅이다. 다시 거울을 보고 땀을 대강 닦아내고 다시 분을 발라보지만 재생불가再生不可다. 현관문을 열면서 갔다가 온다고 하니 그 남자는 누운 채 손만 까딱거린다. 역까지 태워주길 바라는 것은 불가능한 꿈이다.

　약속 시간보다 이십 분 정도 일찍 도착했다. 시간 가늠을 잘못한 것 같다. 바삐 서둘러 나온 일이 아쉽기만 하다. 덜하고 나온 일들이 마음에 걸린다.

기차가 움직이기 시작했다. 언제 허둥거렸던가. 땀방울 휘날리면 종종거린 일이 멀게 느껴진다. 쓸쓸하다. 그 남자가 외출할 때가 떠오른다. 그 여자는 누운 자리에서 갔다 오라고 손짓만 한 적은 없었다. 다른 집 남자는 어떻게 하는지 궁금하다. 그 남자가 일박 여행을 한다면 여자는 더 일찍 일어나 평소에 잘 먹지도 않는 아침밥도 먹고 가게 하려고 하고 세면도구와 옷가지 등을 챙겨준다. 물론 현관을 나가서 엘리베이터 문이 닫힐 때까지 손을 흔든다.

그 여자는 여행에서 돌아오면 여행 가방은 던져두고 저녁식사 준비로 허둥거린다. 그는 텔레비전을 보거나 맥주를 한잔하면서 저녁 식사를 기다린다. "너무 서두르지 마."라고 선심을 쓴다.

그 남자도 여행에서 돌아오면 그 여자처럼 가방을 던져두지만 식사 준비하러 주방으로 달려가지는 않는다. 그 여자는 그 남자가 던져 놓은 가방을 정리한다. 빨랫감은 세탁기에 넣고 세면도구는 화장실에 넣고…. 미리 준비해 놓은 저녁 식사를 함께한다.

가까운 이들은 가끔 여행하는 그 여자에게 남편이 대단하다느니, 어떻게 열흘 이상 집을 비우는 일을 허락했냐느니 한다. 그 남자가 그 여자의 부모라도 되는가. 그렇게 말하는 이들을 쥐어박고 싶단다. 아내의 여행을 허락하느니 마느니 하다니. 현실은 여자가 여행을 하면 그 남편이 허락해야 한다고 생각하는 이들이 대부분이라는 것이다. 만에 하나라도 그 남자가 그 여자 여행을 막는다면 싸놓은 가방을 다시 풀어야 할지도 모른다. 역까지 태워다 주지 않아도 가게 하는 것을 고마워해야 할 것이다. 언감생심 '바쁜데 설거지도 안 하고 빨래 개는 것 거들지도 않는다.'고 투덜거린다면 어이없다고 하겠지.

다시 여행 광고를 들여다보면서 그 여자는 주먹을 불끈 쥔다. '그래 무수리나 인간 리모콘으로 변신하는 것쯤이야, 그까이꺼!'

－《제물포수필》 49집 상, 2007년

그 여자 그 남자 2

 그 여자는 자신의 몸매를 보면서 다이어트도 맘대로 못하면서 남편에게 담배 좀…, 하기가 민망하단다. 거실 넘어 베란다에 찬 연기를 보면 '좀 그만 좀 피워!'가 터져나오다가 삼키길 수십 번 아니 수백 번이었다. 다이어트가 쉬울까, 금연이 쉬울까.
 그 남자의 흡연은 심각하다. 그가 있는 곳은 늘 연기가 가득했다. 몇 주간 병원에 입원했을 때도 환자복을 입고 담배를 물고 다녔다. 주변에 있던 여인들은 건강 좀 신경을 쓰라느니, 냄새가 난다느니, 맵다고 불평이 대단했다. 그 여자는 그가 마구 담배를 피워도 둘이 있을 때는 아무런 말을 안 하다가도 주변에 누군가 있으면 마구 잔소리를 한다. 마치 맞고 들어온 아이를 더 때리는 엄마 심정이랄까.
 그 남자는 영화나 연극, 음악회 등의 공연은 갈 엄두를 내지 못한다. 그래서 두 시간 가량의 금연은 고통이다. 수업과 수업 사이 십 분은 체내 고갈되는 니코틴을 채우느라 시간이 모자랐다. 해외여행, 상상할 수 없다. 전에는 어린이나 신생아가 있어도 창문을 열고 흡연을 했으니 더 말해서 무엇하랴.

아들도 그런 남자를 보고 "아버지, 또 훈제하십니까." 한마디하곤 했다. 자야 할 시간이 되어서 담뱃갑에 몇 개피 남아 있지 않으면 야심한 시각이라도 현관문을 나간다. 담배를 일정량 확보해야 안심이 된다나.

절대군주 시절보다 맏아들의 권위가 엄청났던 때가 있었단다. 그 남자의 누이동생은 오라버니가 시도 때도 없이 담배심부름을 시킬 것을 대비해서 미리 사다가 벽장에 쟁여 놓았다는 일화도 있으니. 한밤에 어린 여자아이가 나다닐 수가 있고, 미성년자도 담배도 살 수 있는 좋은(?) 나라였던 때도 있었다.

새벽에 눈을 뜨자마자 담배를 무는 것은 당연하다. 자다가 중간에 일어나 한두 대 피우고 다시 잔다. 그 남자가 아무리 살짝 일어났다가 들어와도 담배 냄새에 그 여자는 한숨과 함께 한마디하고 싶은 것을 참느라 잠이 다 달아난다.

어쩌다 산에라도 오르다가 일이십 분 지나면 그 남자는 허둥댄다. 후미진 곳으로 숨어들어 연기를 피우면 상큼한 숲의 향기와 구분되는 공해에 지나가던 등산객들은 눈을 흘긴다.

그 여자는 저 남자 모르는 사람이라는 듯 딴청을 한다.

　주변 사람들이 믿지 못하는 일이 일어났다. 그 남자가 담배와 인연을 끊었다. 자기 가족이 금연한 듯 좋아하는 듯하다. 그 여자는 대단한 사건을 나중에야 알게 되었다. 동네 아줌마들과 십여 일간 여행을 하고 돌아오면서 동생과의 통화로 알게 되었다.

　"형부 담배 끊은 거 알아?"

　그 여자가 친구들과 동유럽 관광을 하는 동안, 그 여자의 큰고모가 세상을 떠났다. 처고모 상가에 간 그 남자는, 아내는 여행 보내고 처갓집 일을 챙기는 자상하고 멋진 사위가 되었다. 흡연으로 수십 번은 그 자리를 들락거렸을 텐데 몇 시간 동안 같은 자리에 앉아 처갓집 친척을 즐겁게 했으니 그 인기는 상종가를 때렸으리라. 상갓집만 아니면 헹가래를 칠 분위기였으니, 사촌처형이 팔순 노모를 보내며 슬퍼하다가 사촌 제부의 금연을 축하하는 축가를 불렀다는 불경스런 일까지 벌였단다.

　그 여자는 여행에서 돌아와 남편의 대단한 금연을 알은체할 겨를도 없이 곯아떨어졌다. 다음 날 그래도 확인하고 싶어 베란다를 살피니 흡연 흔적이 없다. 모른 척하려다가 "담배를 피우지 않네."라고 하니 그 남자는 멋쩍은 웃음을 지었다. 좀 더 놀라면서 그 남자의 그 대단한 결단을 축하해줘야 했는데 생각보다 그 여자의 약한 반응에 실망했으리라. 계속 모른 척 하다가 저녁에 여행 귀환 식사라도 할 때 "어머! 자기 담배 왜 안 피워? 몇 시간째 담배를 안 피우네?" 하며 화들짝 놀랐다면 그 남자가 보상 받은 듯했을 텐데.

금연하는 사람과는 상대도 하지 말라고 하는 말이 있다. 금연해야 할 상황에서도 꿋꿋하게 흡연을 하더니 무슨 심경의 변화인가. 그 여자는 좋기도 하지만 불안하기도 하다. 꿈속에서 '이 주일'과 '율 브린너'가 목을 졸랐는가.

어느 날 수북한 담배꽁초를 보면서 문득 '오늘 다섯 갑이나 피웠네.' 생각을 하면서 모멸감이 들었다고 한다. 연기로 날린 그 만 원이 소녀 가장의 하루 생활비란 이야기도 금연에 한몫을 했단다. 금연 기념 여행을 했다. 모처럼 하는 기차여행에서 금연의 편리함을 실감했다. 영화 한 편을 보려고 해도 신경질적으로 변하는 그 남자 때문에 좌불안석하던 때가 먼 이야기가 되었다.

금연 백 일째인 그 남자에게 "지금까지 담배를 끊었냐."는 물음에 "끊기는 뭘, 안 피우는 거지." 답한다. 피우고 싶을 땐 피울 거란다. 주위에서 어떻게 그렇게 쉽게 끊었는가 물으면 "담배를 끊었다가 다시 피우는 사람은 참기 때문이야. '담배를 피운다', '안 피운다'라는 생각조차 없으니 금연이 되네."

　무슨 선문답인지. 지금까지 하고 싶은 것을 참았던 일이 별로 없다는 그 남자에게 아들이 한마디한다. "이 또한 아버지가 하고 싶은 일을 하신 거죠."

　요즘 꿈에서 담배를 피우는 자신을 보면서 안타까워하다가 깬단다. 금단증상인가. 금연 백일 기념 저녁식사하는 날, 그 여자는 금연 일주년, 이 주년, 몇 십 주년 기념식을 할 계획이다. 담배를 마음에서 놓아버린 그 남자처럼 그 여자도 식욕을 놓아버리면 에스라인 몸매는 식은 죽 먹기일 텐데.

―《제물포수필》50집 하, 2007년)

그의 취미

조용하다. 모니터 앞에서 복권당첨 검색을 하는 그에게서 아무 소리가 없다. 또 꽝인가 보다. 지난주에는 그래도 오천 원짜리가 당첨되었는데 이번에는 그마저도 안 되었는가 보다. 왜 그런 것을 자꾸 하느냐고 곱지 않은 눈길을 보내면서도 설거지 소음을 죽이면서 작은 것이라도 되지 않을까 기대하며 남편의 움직임을 살핀다.

지난해만 해도 로또에 전혀 관심이 없던 이가 갑자기 위기의식을 느꼈는가, 하고 싶은 일이 생겼는가, 매주 복권 몇 장씩 사들인다. 당첨만 되면 할 게 많단다. 안 된다 해도 복권을 사는 것 그 자체가 불우이웃 돕기에 일조하는 거니까 별로 나쁘지는 않다고 한다.

당첨금이 생기면 하고 싶은 일이 무얼까. 매달 받는 수입으로 하고 싶은 것을 다하기는 무리가 있다. 여행 다니는 일도 시들하고, 취미로 하는 운동, 저녁의 한잔으로 유유자적하는 듯한데, 로또에 관심을 갖는 그가 의아스럽다. 내가 모르는 심경의 변화가 일어났는가.

컴퓨터 모니터에 로또 당첨번호 여섯 숫자가 알록달록 나타났다. 그는 형광펜을 들고 모니터에 나타난 숫자가 자기 종이에 있는지 신중하게 비교한다. 그렇게 많은 수에서 같은 줄에 두 개는커녕 복권의 서른몇 개 중 두 숫자 맞추기가 힘들다.

그는 로또 1등 당첨되면 아들에게도, 형제나 친한 이웃 후배 등 몇 명에게 얼마를 주겠다고 이미 선언을 한 상황이다. 주기로 약속했는데 당첨되고 안 준다면 법적으로 위법이라는 판결이 나왔다. 그러니 당첨된다면 그 약속은 꼭 지켜야 한다. 어려운 친지 이웃에게 좋은 일을 하려고 해도 기회가 와 주질 않는다.

우리나라 직장인 가운데 10명 중 7명은 꾸준히 복권을 구입한다. 당첨금으로 제일 먼저 하고 싶은 일은 저축과 부동산에 투자다. 그다음이 대출금 갚고 그다음이 가족과 분배를 한다고 한다. 복권 1등 당첨되면 70%는 직장을 관둔다고 한다. 또 복권 당첨금이 생기면 배우자에게 알리지 않고 혼자만 쓰겠다고 하는 이들이 많았다. 유명한 만화가 ㅎ씨는 복권 당첨되면 만화를 그만 그리고 싶다고 하는 인터뷰 기사를 보았는데 살아내느라 하는 일들이 정말 너나없이 쉽진 않은가 보다.

몇 년 전, 친구가 꿈이 너무 좋다면서 복권을 사라고 했다. 자기 꿈에 내가 보였는데 아주 좋은 징조였다는 것이다. 친구에겐 "뜬금없이 웬 로또야."라면서 안 살 것처럼 하고는 로또를 샀다. 발표하는 날까지 당첨되면 뭘 할까, 뭘 살까 하다가 '정말 되면 어떻게 하지.' 걱정이 되었다. 물론 그 친구 꿈은 꿈일 뿐이었다.

로또를 사는 이들은 당첨을 기대한다. 갖고 싶은 것, 하고 싶은 것을 다 할 수 있고, 지금보다 더 행복하게 살 수 있을 것이라고 믿는다. 왜 아니겠는가. 넓은 집, 명품 옷, 가방, 신, 고급 식당, 크루즈 세계 여행 등이 당첨자를 명품으로 만들겠지. 주변 어려운 친지에게 도움도 주고 저절로 멋진 사람이 되겠지.

그럼에도 매스컴에서는 그렇지 않다는 증거를 꾸준히 반복적으로 내놓는다. 복권당첨으로 일확천금의 행운을 거머쥔 이들이 나중에는 행복하기보다 불행하게 된 증거를 나열한다. 당첨금 때문에 가정불화, 무료함, 외로움 등의 후유증이 생기고 불행해졌다는 것이다.

로또 당첨금으로 인한 갈등은 도처에 널려 있다. 부부 사이에서도 당첨금 때문에 이혼을 하기도 한다. 이웃사촌이 로또를 같이 사서는 한 사람이 갖고 있다가 당첨이 되었는데 제대로 나누질 않아 법정 싸움을 하고 원수가 되었다던가. 그 기사를 보고는 로또복권은 친한 사람과 함께 살 일이 아니라고 했는데 이웃이 자기 것을 사면서 한 장을 그에게 주었다. 내심 남편이 갖고 있는 로또가 당첨되어 그 이웃에게 나누어 줄 일이 생길까 불안했다.

어느 대학 교수가 십수 년 동안 '행복강의'를 하면서 매회 학생들에게 묻는다. '어떤 일이 생기면 지금보다 더 행복할 것 같은가'이다. 그 답의 압도적인 1위는 '복권 당첨'이다. 그 교수는 과연 돈벼락을 맞는다고 행복해질까, 질문을 한다.

처음엔 그 행운에 행복해 하겠지. 그런데 과연 계속 행복할까. 어떤 행복이든 적응되면 시시한 일상이 될 것이다. 새 옷 샀을 때의 즐거움, 차를 처음 샀을 때의 뿌듯함, 처음 새 아파트에 입주했을 때의 기쁨 등이 그대로 있는가. 한 달 전쯤 부엌가구를 새로 바꾸었다. 이 주일 정도는 자다가도 주방 쪽으로 기웃거리곤 했다. 보면서 흐뭇한 기분, 유쾌했다. 요즘은 빛이 바랜 느낌이다. 일확천금의 행운도 주방 가구 같을까. 모르겠다.

그래도 그건 아닌 것 같다. 거액의 당첨과 집이나 차는 다른 문제다. 백문이불여일견百聞而不如一見이고, 백견이불여일행百見

而不如一行이라는데. 일단 당첨이 되고 나서 그런 부작용이 생기는지 알아보고 싶다.

로또복권 조각은 책상 위에서 주인에게 찢길 운명을 기다리고 있다. 그는 새로 시작하는 주가 되면 산책한다고 하면서 복권 몇 장을 사겠지. 지금은 할 수 없는 고(高)비용의 취미활동을 하는 자신을 상상하기도 하고 누군가를 떠올리면서 나누어 줄 사람을 꼽으며 당첨을 기대하고 있을 것이다.

- 2014. 2. 15.

비범함이 증명되는 순간

 이 세상을 떠나는 순간 누가 제일 먼저 생각날까. 무슨 생각을 할까. 세상사에 아쉬운 일이 많아 그 순간 생각이 뒤죽박죽 엉켜버릴 것 같다. 영화나 소설에서는 사랑하는 사람과 헤어지게 되는 것을 서러워하고 해결하지 못할 일로 안타까워하던데.
 그런데 비범한 나의 남편은 그 순간 '아 이렇게 가는구나.' 하고 의식을 잃었다고 한다. 신기하게도 그 말을 듣는 순간 그럴 수도 있겠구나 했다.
 예불을 드리고 절을 나와 차를 타면서 보니 차 안에 두었던 전화기에 메시지가 여러 개 와 있다. 낯선 전화번호와 시동생 전화번호가 어지러웠다. 음성 메시지까지 있다. 우선 음성메시지를 들었다. 남편의 직장 동료라면서 지금 남편이 병원 응급실에 있으니 빨리 오라는 내용이다. 남편의 상태에 대한 설명은 없었다. 다음 메시지 들으니 시동생의 강한 경상도 억양이 허둥거린다.

당황할 틈도 없다. 남편의 직장 동료는 나와 연결이 되질 않으니 남편 전화에 저장한 대구에 사는 시동생에게 전화를 한 것이다. 얼마나 긴급한 것이기에. 전화기에서 자동차 운전하지 말고 꼭 전철을 타고 가라고 말하고 또 말하는 시동생 목소리가 계속 들린다. 그 자상한 마음이 지금은 성가시다. 일단 집으로 가서 보험카드부터 챙기고 차에 올랐다. 내 안전 때문에 전철을 탄다는 것은 사치다. 차가 공중을 날고 있다.

설마 지금이 마지막은 아니겠지. 남편하고 아직 세계 여행도 못했는데. 아마 예정된 일일지도…. 계속된 흡연과 음주, 심한 운동, 게다가 한 달 전부터 속이 좋지 않다고 하면서도 조심하는 일은 아무것도 없었다. 요즘 그는 출근할 때마다 병원에 들른다고 보험카드를 챙겨서 나가지만 그냥 귀가한다. 화가 난다. 우리나라 중년 남자 급사율이 1위라고 하던데. 그 일이 내 일이 되어버렸나.

헤매는 일 없이 병원을 바로 찾았다. 응급실 입구에 눈을 감고 있는 남편이 있었다. 남편의 몸에는 병원에서 달 수 있는 줄은 다 달려있는 것 같다. 새벽에 나가면서 입었던 옷은 환자의 안전한 처치를 위한 것인지 가위로 잘려있다. 그래도 살아는 있다.

몇 시간 뒤에 만난 담당은 남편이 심장마비였다고 한다. 중환자실에 있어서 보호자가 함께 있을 수가 없어 병원 안을 멍한 상태로 돌아다녔다. 저녁 보호자 면회시간에 잠시 남편을 보고 집으로 왔다. 동생에게만 연락하고 날이 새기를 기다렸다가 병원에 갔다. 면회시간은 아직 멀었는데.

약속을 취소하느라 여기저기 전화하는 내 목소리가 서글프게 들린다. 시동생은 일도 못하고 전화를 계속한다. 그는 나에게서 형의 상태가 좋아졌다는 이야기가 듣고 싶어서다. 위로받고 싶은 사람은 난데 내가 시동생을 달래고 있다. 내 목소리가 조금이라도 불안하게 들리면 그는 더 불안해 하면서 이것저것 자꾸 묻고 묻는다.

아침 면회를 하고 저녁 면회를 기다리기 위해 로비에서 속절없이 있는데 보호자를 호출한다. '심각한 일이…' 곁에 있는 이들이 들을 만큼 심장이 쿵쿵거린다. 담당 의사는 남편의 헤모글로빈 수치가 자꾸 떨어지니까 위내시경 검사를 해보겠다고 한다. 이제서야? 다른 검사로 며칠 보내더니 겨우 나빠지는 원인을 찾았는가. 그들은 환자가 속이 쓰렸다는 이야기를 했는데 주의 깊게 듣지 않고 심장에만 신경을 썼다. 식도에 호스를 넣어 억지로 위를 비우고 있는 남편을 볼 수가 없어 그곳을 나왔다.

남편의 위는 구멍이 나려는 순간이었다. 미련한 사람. 무척 아팠을 텐데. 계속되는 출혈로 쇼크가 온 것이다. 원인이 분명해졌으니 회복도 빨라졌다. 남편은 일반병실로 옮겨졌다. 마음도 몸도 여유를 찾게 된 나는 병원 주변을 탐방하면서 시간을 보냈다. 여러 은행에 밀린 일도 처리하고 패스트푸드점을 돌면서 끼니를 해결하는 것도 즐거웠다. 혜성처럼 내 앞에 나타난 '범안정사'에 들어가 내 마음의 허기짐도 다독거렸다. 넘어진 김에 쉬어간다고 모처럼 그 며칠은 한가하게 보냈다.

일상으로 돌아왔다. 그 일상들은 전의 일상과 달리 달콤하다. 누군가 '매일 그날이 그날이야.'라고 투덜거리면 '지금 당신이 얼마나 행복한지 모르는군. 참 한심한 사람이네.'라고 핀잔을 주고 싶을 정도다. 그 평안이 나에게 사라질 뻔했다. 그 날 하루 종일 안고 다녔던 남편의 찢겨진 옷들을 지금도 버리지 않았다. 혹시 남편이 나를 화나게 하면 좀 치사하지만 에이스 카드로 쓰려고 한다.

그런데 갈 때는 정말 혼자 가긴 가는가 보다. 퇴원한 지 한 달 가량 지나서 남편이 의식을 잃는 순간 나와 하나뿐인 아들이 전혀 생각이 나지 않았단다. 그게 참 이상하다고 한다. 평소 자신을 생각하면 그럴 수 있을까 싶단다. 단지 '아, 이렇게 혼자 가는구나.' 하는 생각만 했다며 본인이 더 섭섭했다고 한다.

　하긴 범인이나 죽는 순간 이 사람 저 사람 떠올리고 이것저것 아쉬워하지. 비범한 사람은 그냥 떠나는지도 모를 일이다. 하여 이번 일로 남편의 비범함이 증명이 될 수밖에 없었다.

-《제물포수필》 41집, 2002. 08.

체면이 뭐라고

한동안 인기가 있던 영화 〈미녀는 괴로워〉에서 주인공이 푸짐한 몸과 얼굴을 성형한 후 날씬해진 몸매를 보면서 감격하면서 눈물 흘리는 장면이 있다. '울어도 예쁘네.' 정말 울어도 예쁘고 멋있게 보이고 싶은 마음은 누구에게나 있겠지. 망가져도 예쁘게 망가지고 싶었다.

그 날의 나는 긴박한 상황에도 체면도 없이 체면을 생각했다. 아찔하고 서글픈 날이었다. 아들이 첫 출근을 했다. 녀석이 얼추 퇴근할 시간이 되면서 이런저런 일을 하면서도 기다리게 되었다. 궁금한 게 많았다. 선배는 어떻게 대했는지, 분위기는 어떠했는지, 점심은 무얼 먹었는지, 처음 한 일은 무엇인지, 첫 출근 기분이 어떤지 궁금했다. 내심 그래도 먼저 물어보지는 말아야지. 말해줄 때까지 궁금하지 않은 척 기다리자. 그러다 보니 더 기다려졌다.

밤이 깊었다. 아들은 소식이 없다. 전화를 해볼까 생각했지만 하지 않는 놈이 괘씸해서 하지 않았다. 그 사이 남편은 아들에게 전화를 했던가 보다. "막차 타고 가야지요." 했단다. 그런데 밤 12시가 되어 통화해 보려고 했으나 연결이 안 되었다. 불안하긴 했지만 동료들과 찜질방에라도 있겠지 하고 선잠을 잤다.

다음 날 새벽이 되었다. 어디에 있더라도 연락은 되겠거니, 하면서 전화를 하니 "고객이 전화를 받을 수 없으니~."라는 기계음만 대응을 한다. 아침 여덟 시 삼십 분이 되도록 남편과 번갈아서 손가락이 얼얼하도록 전화를 했다. 가슴과 머리에서 북소리가 들리기 시작했다.

난 마음속으로만 불안해하는데 남편은 "이 놈 치기배들에게 맞고 어디 쓰러져 있는거 아냐." "전화 배터리 떨어지기 전에 위치 추적해야 하는 거 아냐." 하더니 회사에 전화를 하잔다. 그는 베란다로 마루로 왔다갔다하며 가만 있지를 못한다.

인터넷으로 회사 전화번호를 알아냈다. 아들 찾는 전화를 했다가 별일 없는 아들 책 잡히는 일 아닌가 망설여졌다. 회사로 전화하는 일은 잘하는 일이 아닌 것 같았다. 그래도 남편은 전화하라고 채근을 한다. 그래, 이 일로 별일 없이 잘 있는 아들에게 좀 피해가 가도 그놈이 우리에게 연락을 제대로 하지 않은 게 잘못이다.

　아들의 직장으로 전화를 했다. "여기 ○○ 집인데요. 어제 열두 시부터 ○○가 연락이 안 돼서…."라고 하니, "아직 출근하지 않았는데요." 한다.

　출근 둘째 날인데, 아직 나타나지 않았다니 무슨 일인가. 시간이 무겁게 움직이지 않는다. 이십 분 지나서 다시 전화했다. 여전히 회사에선 안 왔다고 한다. 함께 있던 직원에게 연락해 보겠다고 한다.

　남편이 실종신고하자고 한다. 망설이는 사이 그는 112를 누른다. 우리나라 좋은 나라다. 몇 분 만에 경찰이 왔다. 그들은 이런 일이 흔하니까 좀 기다려보라고 한다. 친구들과 술 마시고 어디에 쓰러져 있을 거란다. 우리 아이는 술을 별로 마시지 않는다고 강조를 했다. 정말 고주망태가 되어 자느라고 출근을 못 한 거면 좋겠다. 전화 위치 추적을 해보자고 하자 또 기다려 보란다.

　경찰이 방문한 지 이삼십 분 지났다. 경찰이 아이 번호로 전화를 한다. 경찰과 아들이 통화가 되었다. 동시에 나도 회사로 전화를 했다. 회사에선 아들과 함께 있던 사원과 그 시간에 연락이 되었다고 한다. 신입사원 환영회를 하면서 함께 있던 직원들이 모두 지각을 했다는 후문이 있었다.

아직 제정신이 아닌 듯한 녀석의 목소리를 들은 우리는 예정했던 대로 시댁으로 출발했다. 고속도로상에서 아들과 다시 통화를 했다. 남편은 "인마! 어디 치기배들한테 맞고 쓰러졌나 해서 네 시체라도 빨리 찾으려고 했다. 전화나 문자를 제때 했으면 전화를 했겠냐." 아들은 우리가 실종신고하고 회사에 아들 소재를 찾고 한 일을 남편에게 불평했던가 보다. 실종신고 사건을 그 회사 회장이 알아버려 좀 곤란했었나 보다.

참 이상한 일은 그렇게 아들이 잘못되었을지도 모르는 상황에 몸과 마음이 분해되는 것만 같은 순간, 산발한 머리며 잠옷 차림에 어질러 놓은 방과 마루가 눈에 들어온다. 만에 하나 뉴스에서 보는 사고가 나서 경찰이 우리 집에 수사본부를 차리고, 친지나 형제들이 드나들지도 모른다는 한순간의 생각이 들면서 잠자리에서 일어난 차림으로 있을 수가 없었다.

질린 얼굴을 들여다보면서 머리를 빗고 눈썹을 그리고 립스틱을 바른다. 옷을 단정하게 입고 침대를 정리하고 어질러진 곳은 없는지 살핀다. 옷장 문을 열고 잘 정리가 되었는지 들여다본다. 상상한 것들이 현실로 될까 봐 입술이 타들어 가면서도 나의 체면을 생각하는 내가 가증스러운 순간이다. 아, 참을 수 없는 체면이여.

－《제물포수필》 49집 상, 2007년

728

 오래전에도 숫자를 제목으로 글을 쓴 적이 있다. 대형마트에서 선착순 사은품을 주기로 했는데 기다리는 사람들이 많아 대기표를 주었다. 그 번호는 잊었지만 지금 '728'은 아마도 내가 죽는 날까지 잊지 못할 것이다. 그리 심각한 이유는 없다. 문제가 다 해결되었으니까. 끝이 좋으면 다 좋은 것이 아닌가. 요즘 좀 전에 생각했던 것도 뭐였는지 기억이 나지 않아서 혼란스러운데 가끔 잊으려고 해도 잊히지 않는 일도 있다.
 하긴 이만한 사연 없는 이들이 얼마나 될까. 남의 가슴에 대못이 박힌 것보다 내 손톱 밑에 가시 박힌 것이 더 아프다.
 아들이 결혼하고 몇 년이 지나도록 아기가 없었다. 기다리지만 내색할 수가 없었고 알은척해 본다고 해결될 일도 아니다. 내가 친정어머니라면 딸과 머리를 맞대고 의논도 하고 병원도 가보련만 시어머니 입장에서는 그럴 수도 없는 일이었다.

그렇게 해가 바뀌고 바뀌던 어느 추석날, 여느 때처럼 아들 부부가 왔다. 그는 우리에게 좋은 일이 생겼다고 한다. 내가 대뜸 "아기?" 했다. 젊은이들은 내가 너무 좋아하니까 신이 나는 것 같았다. 맛있는 것과 필요한 것 사라고 우리 형편되는 대로 금일봉도 전달할 정도였다

아들에게 '좋은 엄마'라고 자부하지는 못하지만 아들은 나에게 기쁨을 충분히 주었다. '그 기쁨을 우리 아들은 모르겠구나.' 생각하니 가슴 한켠이 아릿하기도 했다. 억지로 되는 일도 아니니, 하는 수 없다고 '체념 반 기다림 반'인 그런 시간이었다. 그런데 아기가 생기다니. 날아갈 듯한 기분, 충만한 느낌이 딱 이런 것이리라.

초기에는 아들네 집 부근 병원에서 며느리가 검진을 받더니 몇 달이 지나면서 친정집 부근 산부인과를 옮겼다. 우리 집도 그 부근이어서 검진받으러 올 때마다 들르곤 했다.

남편의 생일이 가까운 토요일에 아들네와 식사하기로 했다. 며느리는 전날 진료받고 다음 날 우리와 점심 식사하기로 약속했다. 그들이 오기 전에 식사준비를 하느라 좀 바쁘게 움직이고 있는데 전화가 왔다. 아들 전화다. "I 대학병원인데 OO가 입원했어요." 한다.

검진받던 병원에서 며느리와 태아에게 문제가 생겼다는 것이다. 부랴부랴 응급으로 종합병원으로 이송되었다고 한다. 음식 준비를 중단하고 며느리가 입원했다는 병원으로 달려갔다. 태아는 아직 칠 개월도 채 안 되었는데 무슨 일인가 가슴이 방망이질을 해대었다.

며느리는 산모치료실에 누워있다. 아들은 자기 처가 불편하니 우리에게 집에 가라고 한다. 돌아와 연락을 기다리는데 몇 시간이 지나도록 소식이 없다. 결국 아들에게 전화를 했다. 아기를 낳았단다. 칠백이십팔 그램의 아기라고 한다. 아들도 며느리도 그리고 아기도 모두 딱하기만 했다.

엄마의 안락한 자궁에서 삼 개월을 더 있어야 했는데 어쩔 수 없이 이 세상으로 아기는 나올 수밖에 없었다. 아들은 테블릿피시에 담은 아기 사진을 보여주면서 "아기가 딱 이만 해요." 라며 자기가 들고 있던 테블릿피시를 들어 보인다. 아들 고모부는 소식을 듣더니 조선 시대 누구도 칠삭둥이였다면서 그런 아기들이 야무지고 똑똑하다고 위로를 한다. "아무렴, 당연히 야무지고 똑똑한 아이가 되어야지." 하고 중얼거린다. 뭐가 그리 급해서 빨리 나왔니, 아가야.

며느리는 퇴원한 후 그다음 날부터 신생아 집중치료실 면회시간에 맞춰서 오전과 저녁에 아기를 보러 갔다. 그 어미 마음을 어찌 상상할 수 있을까. 우리와 사돈네는 며느리가 아기 보러 갈 때 데려다주고 기다리고 할 뿐이었다.

그때 우리의 최대 관심사와 대화는 아기가 몇 그램 늘었는지였다. 십 그램 늘었어요. 이십 그램 늘었어요. 오늘은 십 그램 빠졌어요. 십, 이십에 일희일비한 날들이었다. 그 적은 숫자로 우리는 롤러코스터를 타며 숨을 죽이면서 시간을 보낸 듯했다.

아기는 그렇게 두 달 열흘이 지나 간신히 이 킬로그램이 되어서 자기 집으로 돌아갔다. 그 두어 달 동안 아무 일 없는 밋밋하고 심심한 날을 얼마나 그리워했던가. 다행히도 다시 일상으로 돌아오고 행복과 감사를 잊고 사는 날이 되었다.

- 《수필과비평작가회의》 22집, 2016년

유붕이자원방래하니 有朋自遠方來

반가운 친구를 만나면 하게 되는 말에 무엇이 있을까. '술이나 한잔하자.' '언제 밥 먹자.' 또는 '차 한잔하자.' 등이 있지 않을까. 며칠 전 청소년 강사를 대상으로 하여 이틀간 '흡연·음주 예방 교육'을 받았다. 강의를 들으면서 캐나다로 이민간 지 이십여 년 된 친구 부부가 생각났다. 그 친구는 점차 그곳에서 뿌리를 내리고 이제는 일선에서 자발적인 은퇴를 했다. 드디어 중고 캠핑카로 꿈에 그리던 여행을 다니고 있는 친구다.

이민 중, 친구 남편은 간암으로 이식을 받아야 하는 상황까지 갔었다. 다행히 아들의 간과 조직이 맞아서 이식할 수 있었다. 그곳은 병원 비용이 전액 무료이므로 큰 수술이라고 해도 비용 걱정이 없다고 한다. 단지 국가가 수술 비용을 부담하는 조건으로 환자는 금주·금연을 해야 한다. 약속한 날에 금주·

금연 검사를 해서 양성이 나온다면 수술은 받을 수가 없다.
 그렇게 수술을 위해 준비를 하던 중 기적이 일어났다. 기적이라고 말할 수밖에 없다. 친구 부부의 간절한 기도와 식이요법으로 간암의 크기가 줄어들기 시작했고 현재는 완치 판정을 받았다고 한다. 당연히 담당 의사도 놀랐단다.
 그들이 한국에 올 때마다 우리 부부는 그들을 만난다. 그들은 우리에게 캐나다에 놀러 오라고 종용한다. 기회가 되면 그러마 했지만 막연한 약속이었다. 그런데 우연처럼 캐나다 단체여행을 하게 되었고, 친구에게 여행 일정을 알려주었다. 일정표를 보내고 만날 날짜와 장소도 바로 잡았다.
 캘거리에 있는 벤프 국립공원 부근에서 이틀 지내는 중 하루 잠시 시간을 내어 그들을 만나기로 했다. 함께 여행하는 일행들과 아침부터 많은 곳을 보고 늦은 오후가 되어 벤프 시내로 왔다. 그곳에서 일행들과 빠른 저녁을 먹고 일행이 시내 구경과 쇼핑 일정을 하게 될 때 친구 부부와 만나기로 했다.
 자동차로 세 시간 거리인 엘머튼에 살고 있는 그들을 드디어 만났다. 먼 나라는 여행할 기회가 거의 없었던 내가 비행기를 한나절 타고 와야 하는 낯선 곳에서 친구를 만날 수 있다니. 식당이나 카페보다 우리가 묵을 호텔방이 더 편할 듯해서 넷은 방으로 들어왔다. 친구는 일 리터가 넘는 듯한 위스키인지 꼬냑인지 술 한 병과 커피 한 봉지를 내놓는다. 술을 마시면 안 되는 친구 남편이 저리 많은 술을 가져오다니.

그런 표정을 읽었는지 자신은 술을 끊은 지 십여 년도 더 되지만 모처럼 우리를 만나는데 술이 빠질 수 없지 않느냐고 한다. 남편에게 한 컵 따르더니 자신의 컵에는 몇 방울을 따라 놓는다. 창밖은 어느덧 어두워지고 불빛이 하나둘 반짝이기 시작했다.

애주가의 변은 이렇다. 반가운 사람을 만나면 한잔해야 한다. 서로 권하는 잔에 정이 넘치는데 아무리 오랫동안 금주를 했다지만 먼 곳에서 온 우리를 만났으니 술 없는 자리는 상상을 할 수가 없지 않은가. 우리의 사전에는 有朋自遠方來 不亦樂乎와 주(酒)는 불가분 관계였다.

친구 남편이 말하길 "좋아하는 이를 만난다고 해도 '차나 한잔하자.'고 하면 반가운 마음이 순식간에 사라진다. '아, 이놈이 나하고 길게 있고 싶지 않구나.' 서운해진다. 캐나다에서도 비행기로 몇 시간 걸리는 곳을 여행하게 되었는데, 마침 그곳에 친구가 살고 있어서 그 친구에게 연락을 하니 '차 한잔하자.'고 하는데 갑자기 서운해지더란다. 그 친구 만나기 전의 반가움과 기대감이 사라지고 그저 만나고 싶지 않을 정도였단다.

나도 애주가라고 자처하는 사람 중 하나인데 세월이 흐르니 '반드시, 꼭'이 좀 헐렁해진다. 전에는 친구와 모임에서 살짝 한잔하고 자리를 옮겨서 이 차로 생맥주를 하곤 했다. 그러던 것이 요즘은 식사 후 차나 아이스크림으로 마무리한다. 애주가 친구들이 아이스크림이나 커피를 마시면서 '아, 옛날이여.' 한다. 우리의 세월이 친구 남편에게는 별 영향을 미치지 못했는가, 술을 절대 마시지 못하는 그가 오랜만에 만난 친구와는 '술 한잔하자.'라고 말을 해야지, '차나 한잔'은 영 서운하단다.

 요즘 나는 친구가 '차 한 잔?' 해도 맨발로 뛰어나간다. 누군가와 술이든 차 혹은 밥을 하자고 한다면 '너와 함께하고 싶다. 너와 정을 나누고 싶다.'는 것이고 함께 시간을 보내자는 것만으로 행복한 온기를 주고받는 일이다. 그래도 그 친구 부부를 만나면 '술이나 한잔하자.' 하고 해야겠지.

-《에세이포레》통권 78, 2016년 여름

커피와 위스키

　동생들과 이 세상에 계시지 않는 부모와의 추억을 이야기하다 보면 같은 상황에서도 다섯 형제가 각각 다른 기억을 하고 있을 때가 있다. 요즘 부쩍 내 기억과 사실 사이에 오류가 생기고 있다. 한 번, 두 번 나의 오류가 증명되고부터 정말 내가 맞아도 맞다고 말을 하지 못하곤 한다.

　"기억은 과거를 고르고, 조절하고, 수정하고, 속일 것이다. 기억 말고는 다른 근거가 없으므로 누락과 비틀기와 거짓을 나중에 인식할 수 없다는 점이 소름끼쳤다." 《리스본행 야간열차》에서 등장인물을 빌려 작가는 기억을 이처럼 이야기했다.

　'기억의 오류' 하면 영화 〈메멘토〉가 있다. 주인공은 아내가 살해당한 후 몇몇 기억을 제외한 새로운 기억은 십 분 안에 리셋이 되는 '단기기억상실증'에 걸린다. 주인공은 자신이 남긴 사진, 문신, 메모 등으로 남긴 기록을 따라 범인을 쫓는다. 문신이나 메모, 사진 등의 기록조차 주인공 기억의 오류였음이 밝혀지는 반전이 있었던 듯하다. 영화가 끝날 때쯤 허망했던 기분이 남았다. 하긴 영화에 대한 나의 기억조차도 믿을 수는 없다.

'단기기억상실증'이란 병이 있을까 해서 'OO버'에 검색을 했다. '장기기억상실', '단기기억상실' 설명은 있는데, 영화의 극적인 상황과는 달리 싱겁기만 하다. 싱거워도 기억상실에 걸리면 심각한 일이다.

H는 지금 약국을 하는 딸이 중학교 일 학년 때 캐나다로 이민을 갔다. 이민 간 지 삼십 년 거의 다 되어가는 듯하다. H는 서울에 있는 딸이 집도 이사를 하고 약국을 개국하는 등 큰일을 혼자 해내는 것을 곁에서 도와주지 못하고 캐나다에서 걱정만 하고 있었단다. 요즘 코로나로 국내에서도 여행하기 쉽지 않은 때에 캐나다에서 오기가 어려웠을 것이다. 해외여행이 좀 느슨해지자 발 빠르게 움직여 어렵게 딸을 만나러 왔다. 딸이 사는 수서에 짐을 풀었다고 했다.

다행인지 이번 달 남편이 일원동에 있는 종합병원에 서너 번 가야 했다. 일원동에서 수서가 멀지 않아 병원에서 볼일이 끝나고 보기로 했다.

그렇게 해서 남편이 일원동 병원에 올 때마다 친구 부부와 만났다. 지난주 세 번째 만났다. 이른 점심 식사를 했다. 그 날은 식사 후 역 근처 카페로 갔다. 여러 가지 이야기가 나왔는데 문득 기적처럼 캐나다에서 H 부부를 만났던 일을 이야기하게 되었다.

    2015년 6월 나는 남편과 지인들과 캐나다 여러 곳을 관광하고 있었다. 마침 H가 살고 있는 캐나다 에드먼튼에서 멀지 않은 곳에서 숙박을 하게 되었다. 미리 친구와 연락을 하고, 그날 어떤 호수엔 갔다가(이 또한 기억이 선명하지는 않음.) 오후 석양이 눈부실 무렵 친구 부부와 상봉했다. 이 먼 곳에서 친구를 만나는 일이 믿어지지 않았다. 마땅히 갈 곳도 생각이 나지 않아서 호텔 숙소로 왔다. 그들과 했던 많은 이야기와 무엇을 먹으면서 있었는지 기억에 없지만, 흐뭇한 기억만은 선명했다. 그때 친구는 원두커피 한 봉지를 들고 왔다. 내가 잘 가는 카페 브랜드였다. 커피를 좋아하는 난 정말 한 가마니 정도의 원두 선물이 정말 반가웠다. "그 브랜드는 너무 써서 싫다는 사람도 있지만 나는 아껴가면 정말 잘 마셨다."고 몇 년이 지나도 생생한 그때의 기분을 이야기하는데 남편이 말한다. "난 원두커피는 생각나지 않는데. 정원이 아빠가 위스키 OOO 가져왔잖아." 한다. 친구 남편이 "그 위스키 캐나다에서 유명한 위스키로 맛도 있지요." 남편도 맞장구친다. 두 남자는 위스키의 맛에 대해 한참 의견을 나눈다.

　난 몇 년 동안 캐나다에서 만난 친구를 생각하면 원두커피는 생각했지만 위스키는 정말 꿈에도 생각나지 않았다. 남편은 원두커피는 기억에서 지우고 캐나다 위스키 맛만 기억하고 있었다. 같은 상황에 각자 다른 기억들로 갑론을박한다.

　나는 다급하게 두 가지 선물을 다 기억하고 있는 척했지만 좀 민망했다. 겨우 생각났다. 두 남자는 건배하면서 호텔방 컵으로 위스키를 따라 건배를 하면서 한두 잔 더 마시며 호텔방으로 깊이 들어오는 석양을 즐기고 있었다.

　친구네와 헤어지고 우린 며칠 더 캐나다 이곳저곳을 다니다가 한국으로 왔다. 원두커피는 캐리어 한켠에 잘 넣어가지고 다녔다. 위스키는 같이 여행하는 이들과 이삼 일에 걸쳐 나누어 마셨던 것은 겨우 생각이 났다.

　커피와 위스키처럼 내가 기억하고 있는 것과 생각하는 것이 일치하지 않음을. 어떤 사실을 내 생각대로 조절하고 수정하고 누락과 비틀기의 과정을 거친 것 아닌가. 또 이런 실수를 하지 않는다는 보장을 하지 못한다. 내 기억이 사실과 일치하도록 내 잣대와 안경을 늘 점검하고 손질해야겠다.

-《인천문단》, 2022. 06.

정신 차려 이 친구야

부근에 있는 마애삼존불을 보기로 했다. 이정표대로 따라가 본다. 계단이 가파르다. 그곳에는 수학여행 온 세 개 학급 정도의 여학생들에게 해설사가 설명을 하고 있었다. 우리 모습을 사진에 남기려고 해도 학생들 모습이 사진 화면에 가득 찼다. 그 속을 뚫고 마애불을 보았다. 마애불을 남긴 이는 거대한 바위에 어떤 마음으로 부처님 모습을 각刻했을까. 한 조각 한 조각 돌을 파고 뜯어내면서 '참나'를 찾는 구도자의 마음이었겠지. 너와 나의 분별이 없는 진정한 자유를 구가했으리라.

입구로 내려와 우리는 서로 사진을 찍었다. 이를 보았는지 학생들을 인솔하는 교사가 따로 찍느냐면서 자기가 찍어주겠다고 한다. 오색 연등으로 수놓은 계단에서 모처럼 둘의 사진을 남기게 되었다.

수덕사로 향했다. 차 안은 아직 뜨겁지 않았다. 자리에 앉아 입고 있던 겉옷을 보니 솔기가 밖으로 나와 있다. '검정색이라 사진 찍어주던 이가 눈치 못 챘겠지.' 내 맘 편하자고 그가 못 봤다고 장담을 한다. 몇 달 전에도 엘리베이터를 타고 있는데 이웃이 "옷을 뒤집어 입은 거 아니유." 했다. 쥐구멍은 없으니 손바닥으로 얼굴을 가리고 싶었다.

수덕사까지 제법 걸어야 한다. 계단보다 경사도로가 차라리 걷기 편하다. 길가 잔디밭에는 조각품들이 늘어서 있다. 마주앉아 책을 읽고 있는 사람, 포옹하고 있는 두 사람을 형상화한 돌 조각들 등 적당하게 전시되어 있다. 쉬엄쉬엄 올라갔다. 무덥다. 내일이 사월초파일이라 절 안은 행사 준비로 분주해 보인다. 푸른 하늘과 하늘을 채운 오색 등은 서로 잘 어울린다. 이들은 마치 내일의 축제를 기다리는 듯했다.

대웅전에 들어가 절을 했다. 참나를 찾게 해달라거나 욕심 없는 내가 되고 싶다고 감히 염원하지 못했다. 그냥 내일이 초파일이니 윗분에게 인사하듯 부처님 전에 인사한 것뿐이다.

대웅전을 나와 얼마쯤 걸어가는데 남편이 자기 주머니를 더듬더니 지갑이 없다고 한다. 안주머니에 약간의 틈이 있지만 그 틈으로 지갑이 빠져나갔을까. 카드 세 장과 현금이 조금 있을 텐데…. 분실신고를 하려고 주차장 방향으로 내려갔다.

그 상황에서도 긴 구두 주걱을 사려고 가게로 갔다. 하지만 이번에는 내 지갑이 보이지 않는다. 물건도 별로 없는 에코백을 보고 또 보았다. 법당에서 불전함에 돈을 넣으려고 지갑을 꺼낸 생각이 났다. 되짚어서 뛰다시피 잰걸음으로 갔다. 가슴이 터질 듯하다. 매표소를 지나가다 대웅전 전화번호를 물었다. 전화하니 지갑이 그 자리에 있다고 한다.

 '관세음보살'을 수백 번, 아니 수천 번 외치고 싶었다. 여전히 숨은 차지만 좀 전과 달리 느긋한 마음으로 서둘러 대웅전으로 갔다. 혹시 남편 지갑도 보일까 해서 길을 살피면서 종종거렸다. 내 지갑을 전해 받고 연등을 달고 싶다고 하니 법당에서 기도 카드 관리하는 보살이 괜찮다고 그냥 가라고 했다. 좀 전 지갑을 잃은지 몰랐던 때도 연등을 달까 했었는데 지금은 감사의 마음으로 등을 달고 싶었다.

 내 지갑은 찾았으니 종무소에 가서 남편 지갑을 찾기 위해 방송을 부탁했다. 방송 시험하는 이에게 말하라고 한다. 절 마당에는 초파일 행사 준비로 각자 맡은 일을 하느라 신도나 스님들 모두 바쁘다. "하나, 둘, 셋, 하나, 둘, 셋 마이크 실험, 마이크 실험, 0번 스위치를…" 소리가 들리는 방향으로 갔다. 우리 상황을 이야기하고 방송을 해달라고 하니 그는 나에게 마이크를 넘긴다. 정말 나보고 말하라는 것이냐는 뜻으로 쳐다보니 그렇다는 뜻으로 웃는다.
 "안녕하세요. 분실물을 찾습니다. 까만 네모난 남자 지갑을 찾습니다. 혹시 보신 분이나 갖고 계신 분은 종무소로 연락 주시길 바랍니다. 성불하십시오."
 마이크를 기사에게 건넸다. 곁에 있던 아저씨가 어디서 왔느냐고 묻는다. 인천에서 왔다고 하니 그는 상가에서 인천에서 오신 분 중 지갑 잃어버린 분 찾아가라는 방송을 들었다는 것이다.
 상가 방송은 이장 집에서 한다고 한다. 면사무소에 가서 이장 집으로 전화를 했다. ○○식당으로 가보라고 한다. 감사의 인사를 머리를 숙이면서 대여섯 번은 했다. 다행스런 소식을 알려야 하는데 카드회사에 분실신고를 하고 있는 중인지 남편과 연락이 안 되었다. 카드회사에 분실신고할 때 상담사와 연결되기까지의 지난한 과정을 상상하니 짜증스런 남편 얼굴이 나타난다. 수덕사 매표소를 지나가면서 창구에 있는 사람에게 지갑을 찾았다고 하니 한심하다는 표정을 감추지 않았다.
 남편 지갑은 식당 주인이 챙겨 놓았다. 어떤 학생이 길에서 지갑을 주웠는데 주인이 신분증을 보고 자기가 찾아 주겠다며 방송을 했다고 한다.
 겉옷을 뒤집어 입고 마애삼존불을 만나러 가고, 부부가 사이좋게 지갑을 잃어버리다니, 나는 법당에 두고 왔으니 당연히 찾는다고 해도, 남편 지갑은 잃어버려도 이상할 것 없었다. 내 지갑을 잃어버린 것이 마치 남편 지갑을 찾기 위한 장치인 듯했다.

설명이 안 되는 일이었다. 면사무소 직원이 이장의 전화번호를 알려주지 않을 수도 있었고, 식당 주인이 지갑을 주운 학생을 못 볼 수도 있었다. 전생에 덕을 좀 쌓았나 하는 싱거운 생각이 들었다. 하루라도 실천할 수 있을지 장담은 못하겠으나 오늘부터 덕을 쌓는 마음으로 살아야지 다짐했다.

온천장에 여행 가방을 넣고 저물어가는 하루를 편안한 기분으로 즐겼다. 양옆으로 늘씬한 나무가 도열하고 있는 흙길을 걸으며 살랑이는 바람을 즐기며 넘어가는 석양을 받는다. 느긋함이 고맙다. '덕산관광안내소' 앞에 있는 족욕탕에 발을 담그니 '다 괜찮아.' 위로받는 아늑한 기분이다.

이런 실수를 또 하게 된다면 오늘처럼 아무 일 없긴 힘들 것이다. 하늘의 별을 따는 일이고 로또복권에 당첨되는 일이다. 가수 김수철의 노래 〈정신 차려 이 친구야〉가 입에서 맴도는 저녁이다.

- 후일담 -

그제 일이다. 한 달에 한 번 만나 영화를 보는 친구와 〈고

산자 대동여지도〉를 보았다. 여느 때와 달리 현장에서 표를 샀다. 저녁에 다른 친구와 만나고 늦게 귀가했다. 거실 컴퓨터를 건드리니 영화관 홈페이지가 뜨는데 〈고산자 대동여지도〉 예매 확인 화면이 뜬다. 이를 어째. 전날 예매를 하다가 말았다고 생각했는데, 한숨이 절로 나온다. '정말, 정신 차려 이 친구야!'

- 《에세이포레》 겨울호, 2016년

2부

순간의 선택

췻향
두 갈래 길
뇌물의 힘
가면
기억의 자리
재미
설악산
가을 나들이
순간의 선택
붓을 들고

칡향

아까시 향이 흩날릴 때는 이미 지났는데 온통 산에 달콤한 향으로 가득 찼다. 주변에 온통 칡넝쿨이 있더니 그 향인 게다. 향기롭다. 아까시 향과 비슷한 듯하면서 더 달콤하다. 늘씬한 나무를 단아하게 휘감았다. 저 나무는 그 미모와 향에 취해 어느 날인가 파멸을 맞게 될지도 모르고 흠흠거리는 듯하다. 영화 한 장면이 생각난다.

오래전 보았던 〈원초적 본능〉을 시댁에 갔다가 조카가 빌려온 비디오테이프로 다시 보게 되었다. '무삭제판'이란 빨간 글자가 돋보였다. 조카는 민망해서 안절부절못한다. 누가 묻기나 했나. 저런 것인지 몰랐단다. 정말 전에는 볼 수 없었던 화면이 현란하다. 아름다운 나신이 춤을 춘다. 그러나 그도 잠깐이다. 잠시 후 관객을 공포에 빠뜨린다. 그 아름다움에 취한 남자는 잔인하게 살해되고 만다.

　지금 오르는 이곳 대부분 나무에 칡넝쿨이 친친 감겨있다. 저러다 칡에 양분을 다 빨리게 되어 얼마 후 나무도 칡도 시커멓게 죽어버리고 만다. 아름다운 나신을 사랑하다 죽는 남자의 그림이 떠오른다. 시흥 친구네 집 부근을 산책하다가 칡넝쿨 때문에 시커멓게 변한 큰 숲이 생각난다.

　칡향에 대해 알게 된 지 오래되지 않는다. 치악산 자락에 사는 선생님을 방문했을 때 그 부근 산을 올라갔다. 그날 올라갔던 숲에 가득한 향이 칡향이라는 것을 알았다. 선생은 산 입구에 낫을 보관해 두었다가 산을 오를 때마다 나무를 감고 있는 칡넝쿨을 걷어낸다고 한다. 그러면서 이 일이 잘하는 일인지 한다. 저들대로의 질서가 있고 삶의 법칙이 있을 텐데 괜한 일을 하는 것만 같단다.

　삶의 법칙은 적자생존인가. 아름다운 것은 자신을 지키기 위한 칼을 품고 있다. 아름다운 것은 독이 있다. 지나친 이분법이고 편협한 고정관념이겠지. 하지만 그렇게 틀린 말도 아니다. 비가 온 뒤 숲에는 버섯이 눈에 쉽게 띈다. 애석하게도 고운 색을 가진 버섯은 독버섯이다. 독사도 화려한 색으로 치장을 하고 있다.

　수수한 버섯은 사람들의 먹거리가 되고 있다. 화려한 버섯을 탐내다가 그 아름다움을 정복하지 못하고 병원에 실려 가기도 한다. 그래도 그 화려함에 불빛에 모여드는 나방처럼 도전하고 도전한다. 이왕이면 아름다운 이가 친구나 연인이면 한다. 수수한 이의 내면이 아름답고 풍부한 정서가 가득하다 해도 개의치 않는다. 요즘 청소년들은 '성질이 못된 것은 용서가 되어도 못생기면 용서가 안 된다.'고 한다. 칡넝쿨 향에 취한 늘씬한 나무이고 싶다. '내면의 아름다움'은 그들에게는 잠꼬대다. 사실 푹 퍼진 중년의 나도 처음 보는 사람이 우선 잘생기고 예쁘면 호감이 간다. 길을 물어보는 이가 준수한 청년이면 쫓아가면서 길을 가르쳐 주는 나를 발견한다. 아마 평범한 이가 물어본다면 손가락이나 턱짓으로 방향만 알려주고 내 갈 길을 바삐 갔으리라.

기사에서 성형 관련 기사를 보도하면서 어떤 실험을 보여준다. 평범한 젊은 여성과 날씬한 미인형의 여성을 거리에서 각각 설문조사를 하게 한다. 행인들은 누구의 조사에 쉽게 응했을까. 비슷한 실험으로 고속도로에서 차가 고장났다고 설정하고 두 여성이 각자 고장난 차에 서 있었다. 미인형의 여성이 서 있는 차에는 지나가던 차가 후진까지 하면서 도와주려고 했다.

독을 뿜을지라도 아름다운 그 모습에 끌리는 것은 자연스러운 일이다. 그런 겉모습에 반하는 사람은 속이 비었고 가치

관이 흔들린 불행한 사람이라고 힘주어 말하는 이에게 쉽게 동의하지 못한다.

'나도 나무를 녹이는 요염한 칡넝쿨이 되어봤으면.' 여유 있는 내 몸매를 이리저리 비추어 본다.

— 2002. 08. 28

두 갈래 길

볕은 따가워도 바람은 시원하다. 넓은 빈터에서 배우기 시작한 자전거를 탔다. 스치는 공기가 상쾌하기만 하더라. 이렇게 즐거워하다가도 네 생각이 떠오르면 막연하기만 하구나.

어떻게 지내고 있는지 궁금하다. 해줄 말이 없어 답답하다. 며칠 전, 네 동생이 교환학생으로 일 년간 한국을 떠나기 때문에 배웅도 하고 네 상황이 궁금해서 공항에 갔지. 너는 어두운 표정으로 마지못해 고개를 까딱이며 인사했지. 언제 보아도 즐거운 아이였는데. 적극적이고 긍정적이어서 주변에 있는 이들은 무표정하다가도 너를 보면 절로 얼굴이 펴지지. 그 해피한 얼굴은 어디로 갔는지. 도움을 주고 싶지만 뭘 해주어야 할지.

너희들은 무척 즐거웠을 거야. 코레일패스로 일주일간 원하는 대로 타고 내리며 많은 곳을 보고, 맛있는 것 찾아 먹고,

즐겼겠지. 그리곤 다음 일정을 향해 열차에 올랐겠구나. 얼마나 신났니. 친구와 나란히 앉아(아니면 마주앉았을까) 보고 또 봐도 좋은, 서로를 보며 이야기를 실타래처럼 풀고 있었겠지. 간식도 먹으면서 디자인을 공부하는 두 사람은 다음 할 작품에 대해서도 의견을 나누었을 거야.

둘이서 자전거를 나란히 탔다고 하더라. 혹시 차도에서 탄 것일까 했더니 아니라더군. 아무렴, 관광도시에 자전거 도로가 없을 리 없지. 요즘 아이들은 걸음마 시작하면 자전거를 배우기 시작하니 부러 연습하지 않아도 대학생 정도 되면 전국 일주를 자연스레 하더구나. 이제서야 자전거 배우고 보니 자전거를 잘 타는 꼬마들을 보면 부럽다.

자전거를 대여했겠지. 보호 장구도 없이 탔겠구나. 어스름해지는 시각에 숙소를 향해서 가는 길이었다며. 한 이틀 더 있을 예정이었다지.

잠시 후 너는 네 엄마에게 전화를 했지. "OO가 피를 너무 많이 흘려. 어떻게 해!" 두 주가 지난 지금도 네 엄마는 네 목소리가 잊히지 않는다고 하더라.

네 친구는 서울 한 병원 중환자실에 입원했으나 더이상 어떻게 해볼 수가 없는 상황이라고 하지. 너는 거의 매일 친구가 입원한 병원에 간다고. 중환자실에서 함께 있을 수도 없으니 좀은 의자에 앉아 밤을 새겠구나.

　잠깐 면회가 되면 너는 친구에게 책을 읽어준다고. 의식이 없는 환자에게 책을 읽어주거나 이야기를 해주면 빨리 회복할 수도 있다는 이야기를 나도 듣기는 했지.

　피해를 입은 네 친구의 부모는 살아도 살아있는 게 아닐 거야. 사고를 낸 (네 또래라고 하더라.) 아이 또한 힘들 거야. 그 상황에 같이 연결된 많은 사람이 혼란 속에서 꿈이었으면 하고 간절히 바라겠지.

　고통으로 세상이 회색빛인 너를 두고 가해한 아이까지 걱정하는 내가 서운할 수도 있겠구나.

　요즘 문득 문득 로버트 프로스트(1874~1963/ 시인)의 〈가지 않은 길〉이 떠오른다.

　훗날 훗날에 나는 어디선가
　한숨을 쉬며 이야기할 것입니다
　숲속에 두 갈래 길이 있었다고
　나는 사람이 적게 간 길을 택하였다고
　그리고 그것 때문에 모든 것이 달라졌다고

　학과를 선택하고, 직장을 다니면서 늘 가지 않은 길에 대한 아쉬움과 선택에 대한 후회로 괴롭던 시절이 있었지. 이렇게 나이 들고 보니 지금 가고 있는 길이 내 길이더라. 많은사람들이 당하는 고통도 '그 길에 가지 말 것을' '그곳으로 갔어야 했는데'로 피할 수 있을까. 네 상황에 엉뚱한 이야기 같지. 하지만 그 길이 문제야. 그 길을 못 가서 아쉽고 그 길을 못 가서 불행해지고. 나는 한때 못 간 길이 그립기만 했고, 너는 가지 못한 길을 갔더라면 그 사건도 없었고 전처럼 행복했을 텐데.

  신은 왜 어여쁜 네 친구에게 그런 사고가 나게 하고, 곁에 있는 너에게 그런 시련을 주는 것일까. 주변에서 일어나는 많은 사고들, 세상에 일어나는 재해들로 생명을 잃는 그 많은 이들도 사랑하는 이들이 주변에 있었고 이루고 싶은 꿈이 있었을 텐데 왜 그 많은 이들이 그렇게 원하지도 않는 죽음을 맞이해야 하나.

  네가 겪는 고통으로 복잡해지는 마음은 속절없이 죽어가는 아이들을 생각나게 한다. 지구 저편에 어린아이들은 왜 물과 음식이 없어서 또는 끔찍한 질병으로 죽음의 문턱에 있거나 죽음을 맞이할 수밖에 없을까. 그 아이들은 가야 할 길을 안 가서일까. 너보다 배 이상을 산 나도 답을 모르겠다. 아마도 이 세상을 떠날 때까지 모르겠지. 신의 뜻이라거나, 운명이라고 이름 붙이기에는 우리의 삶이 단순하지 않은 것은 분명하지.

이리도 마음이 복잡할까. 내가 아는 이들이 편안하길 바라는 마음은 그 속은 모르는 사람은 아무래도 상관없다는 마음일 수도. 평소에는 내가 괜찮은 사람이라고 여기지만 정리해 보면 그렇구나. 이기적인 마음이라고 비난을 받아도 네가 편안하고 행복했으면 해. 네게 그런 시련이 없었으면 좋았겠지만 이미 닥친 이 아픔이 빨리 조금 덜 아프게 지나가길 원한단다.

너는 늘 네 힘이 필요한 곳에는 도움을 주고 싶어 하는 준비가 되어있는 것 같아. 대입 시험 준비하면서도 태안 기름 유출 사건 때 봉사하러 가겠다고 해서 네 엄마를 힘들게 할 정도로 자신만 생각하지 않는 따뜻한 아이지.

이 일이 네 탓이라면서 잠도 못 잔다고 하더라. 머리를 쥐어뜯으면서 그때 그러지 말았을 걸. 가지 말 것을. 하면서 마구 생채기를 내고 있을 거야. 상상으로도 먹먹해진다.

"내가 가자고 하지 말걸. 자전거를 타지 말걸. 거길 가지 말걸."이라고 너는 말한다.

그럼 그 친구와 친하지 말걸, 그 과를 선택하지 말걸, 그 학교에 가지 말걸, 그 고등학교에 가지 말걸, 그 중학교에 가지 말 걸, 그러다 보면 OO동에 살지 말걸, 서울에 살지 말걸, 한국에서 태어나지 않았으면. 그럼 할 수 있는 게 아무것도 없어. 어떤 인연의 고리 때문에 그런 일들이 일어나는 것일까. 나도 혼란스럽기만 하다.

  네 아픔은 느끼겠는데 그것을 덜어 줄 수가 없다니. 네 고통이 아주 희미한 흔적만 남았으면. 빛도 없는 긴 터널을 스스로 빠져 나와야겠지. 아무도 너를 손잡거나 업고 뛰어나와 줄 수는 없어.

  훗날 훗날 나는 어디선가
  한숨을 쉬며 이야기 할 것이다.
  (중략)
  그것 때문에 모든 것이 달라졌다고

  끝까지 네게 힘이 되는 말, 멋진 말을 해주지 못하고 마는구나.

- 2012. 11. 13

뇌물의 힘

선물: (인사나 기념, 정을 나타내는 뜻으로) 남에게 물품을 줌, 또는 그런 물품.
뇌물: 직권을 이용하여 편의를 보아달라는 뜻으로 주는 부정한 물품.

어제 윗집에서 받은 한방차 세트는 선물인가 뇌물인가. 이곳에 이사 온 지 십 년이 다 되어가지만 위층에 사는 이와 한 자리에 앉아 이야기할 기회가 없었다. 매일 밤 우리의 고요한 시간을 방해하는 윗집이니 오다가다 엘리베이터 입구에서 어쩔 수 없이 마주치면 할 수도, 하지 않을 수도 없어서 하는 어색한 인사가 다였다. 정을 나타내느라 선물을 주고받는 사이는 아니라는 이야기다.

그럼 뇌물! 나에게 무슨 직권이나 그들의 편의를 봐줄 힘이 있는가. 오히려 내가 그들에게 한밤중에 조용히 해달라고 뇌물을 바쳐야 할 지경이다.

한방차가 처음이 아니다. 지난 추석 명절 전날 늦은 시간이었다. 초인종 소리에 화면을 보니 윗집이다. 웬일인가, 우리 집을 부러 찾아올 일이 없는데. 순간 여러 경우의 수를 생각하며 문을 여니 화사하게 화장을 한 위층 여자가 육가공품 선물상자를 내밀었다. 매일 늦은 시간 시끄럽게 해서 진작 인사를 해야 하는데 늦었단다. 뭔가 받는 일에 익숙하지 않은 나로서는 당황스러우면서도 싫지 않았다. 묘한 기분을 표현하기 어렵다. 거절하기도 쉽지 않아 그 상자를 받고 그냥 받기만 하는 것이 부담스러워 다음 날 바로 주스를 답례로 보냈다. 그리고 몇 개월이 지난 구정 전날인 어제 한방차 세트를 들고 온 것이다.

"약소한 거예요. 부담 갖지 말아요."

"번번이 이러면 어떻게 해요. 그런데 명절이라 일이 많은가 봐요. 늦은 시간까지 소리가 나는 걸 보면…"

"요즘도 일이 많아 세 시(새벽) 이전에도 일이 끝나지 않아 시끄러울 거예요."

"이러면 흉도 맘대로 볼 수가 없잖아요." 겨우 한다는 대답이 그랬다.

뇌물의 힘 · 73

뇌물이다. 억울하지만 뇌물은 뇌물이다. 값으로 따지면 얼마 되지 않지만 일단 뭔가를 준 그들은 아무리 늦은 시간이라도 마음놓고 소리를 낼 것이다. 아래층에 사는 내가 불평을 하지 못하리라는 것을 믿어 의심치 않으리라. 세상에 공짜는 없다. 늦은 시간에 쿵쾅거려도 경비실에 연락하기는커녕 혼자 투덜거리기도 민망해졌다. 그렇지 않아도 남에게 싫은 소리 못하는 나는 할말을 못 하고 가슴앓이하게 생겼다.

  사회적으로 뇌물 수수에 관련된 기사가 없는 날이 별로 없다. 높으신 분은 높은 대로 지위가 낮은 분은 낮은 대로 적절하게 자신의 직위를 이용해서 뇌물을 받는다. 사과 박스 사건, 차떼기 불법 선거자금, 병역 면제를 위한 신체검사 조작, 어느 지역에 뭐가 들어선다더라 하는 정보 등에는 모두 뇌물과 연결되어 있다.

  요즘은 먹은 놈이 꿀꺽 삼키고 내놓을 것이 없더라도 공개적으로 기사화되고 비판의 대상이 되어 타산지석의 효과라도 얻지만, 아주 멀지도 않은 옛날에는 정치인이나 공직자에게는 서민들은 상상하기 힘든 거액이 가고도 별문제가 되지 않았고, 감히 기사화 할 수도 없었다. 피라미드 조직으로 뇌물 금품 수수가 사회를 움직인다고 해도 지나친 이야기가 아니었다. 교통 신호위반을 해도 벌금 고지서를 얌전히 받기보다는 돈으로 해결하려고 하고, 내 아이를 남의 아이보다 대우받게 하려고 봉투를 내미는 그런 일이 흔했었다. 그 시절에는. 암행 감사에 교사의 서랍까지 뒤지는 요즘과는 비교도 안 되었다.

뇌물은 안 되는 일을 되게 하고, 늦게 줄을 섰다고 해도 먼저 선 사람보다 일처리를 빨리 할 수 있도록 만든다. 부정하고 싶지만 사실이다. 없는 사람은 번번이 밀리고 처지고 억울함만을 한탄해야 했다. 여전히 '무전유죄 유전무죄'가 통하는 세상이란다. 정치가나 공직자 윤리가 칼날 같다는 선진국에서도 아무리 엄격한 법 적용을 해도 뇌물에 관한 부정을 완전히 근절시키기는 힘들다고 한다. 그만큼 뇌물의 유혹은 달콤한 독이다.

우리도 공직자들이 직무와 무관한 자로부터 한 회당 오만 원, 일 년에 십오만 원 이상의 선물은 받을 수 없다는 방침과 같은 것이 있다고 한다. 과거보다 뇌물을 주고받기가 어려워진 것도 사실이다. 하지만 똑똑한 그들이 법망을 피하는 방법은 잘 알 테니 조금은 의심스럽다.

요즘 관객 천만 명 돌파를 초읽기 한다는 영화 〈왕의 남자〉에서도 광대들이 중신들의 뇌물 수수 비리를 풍자하는 대목이 나온다. 그 옛날이나 지금이나 웃는 얼굴에 침 못 뱉고, 주는 현찰에 꽝꽝 얼어붙은 빙산도 녹인다.

도둑이 제 발 저려 괜스레 정치가니 공직자를 들먹거리면서 뇌물에 마음이 변해버린 나를 모른 척하고 있다. 공짜로 들어온 작은 물건에 괴롭던 소리가 들리지 않으니 그들처럼 사과 상자가 아니라 박카스 상자를 받는다 해도 내 혼을 다 빼주고 말 것이다.

정말 그때부터 윗집에서 별다른 소리가 들리지 않는다. 들린다고 해도 별로 거슬리지 않으니 웬 조홧속일까. 신기한 일이다. 아! 뇌물의 힘이여!

- 2006. 02. 12.

가면

    더위 한가운데에 있다. 새벽에 억지로 몸을 일으켜 선크림만 바르고 집을 나선다. 집 부근에 있는 앞산에 오른다. 나서기가 힘들지 막상 산 입구에 들어서면 기분도 몸도 가볍다. 신새벽부터 올랐던 이들은 김이 나는 젖은 머리를 한 채 가뿐한 표정으로 내 곁을 지난다. 거리는 뜨거운 햇볕으로 숨을 곳을 찾기가 힘들지만 산은 곳곳이 그늘을 만들어 주어 움직이기 수월하다. 가파른 계단보다 솔잎이 양탄자처럼 깔린 숲길로 한 걸음 한 걸음 꼭꼭 눌러가며 걷는다. 내 뒤에 없던 사람이 마치 날아온 것처럼 어느 틈에 나를 지나쳐 가면 그를 쫓아가느라 숨을 몰아쉬기도 한다.

    한참 오르락내리락하다 보면 능선이 나온다. 이 나무 저 나무로 날아다니는 새들은 저들끼리 수다스럽다. 까치, 방울새,

참새, 또 뭐가 있던가. 한여름의 야생화는 곳곳에 수를 놓아 숲속을 아늑하게 만든다. 상수리 나무기둥에 길게 매달린 꼬리가 한 뭉치나 되는 시커먼 청솔모는 나를 말끄러미 보고 있다. 오히려 내가 시선을 피하고 도망치듯 지나친다.

맞은편에서 오는 이들과는 가능한 한 눈을 마주치지 않으려고 한다. 험한 산을 오르내릴 때야 마주치는 이들과 서로 격려를 하고 격려를 받는 그런 분위기로 인사를 주고받기도 하지만 동네 산에서는 늘 보는 이들에게는 일일이 인사하기가 좀 편치 않다. 대부분 그러고 싶어 하는 듯하다. 몇 미터 앞을 응시하거나 나무나 풀을 흘끗 바라보기도 하면서 이 생각 저 생각 하면서 걷는 순간은 평화가 찾아온다.

그 평화는 쉽게 사라진다. 또 마음에 들지 않는 상황으로 불편하다. 라디오를 주변 모든 이들이 듣도록 배려하는 어진 이들이 맘에 들지 않는다. 그보다 더 불편해지는 상황이 있다. 마주칠 때마다 적의까지 느껴진다. 변형된 얼굴 가리개를 쓰고 다니는 이들이다. SF 전쟁 영화에서 나오는 우주인 괴물이 떠오르게 한다. 선 캡을 눌러쓰고 눈만 살짝 피하고 유령 같은 얼굴 가리개로 표정을 가린 모습은 편하지 않다.

오늘도 그런 가리개를 한 이들이 나를 지나치려고 한다. 그들은 내 얼굴을 마음껏 보면서 자기들의 얼굴은 나에게 감추고 있다. 자신의 못난 얼굴을 본 사람들이 눈 버릴까 걱정하는가. 괜히 손해 보는 느낌은 어인 일인가. 나는 내 얼굴을 못 보게 하려고 재빨리 모자를 눌러쓰고 그도 모자라 고개를 숙인다. 나 혼자서 그들이 얼굴 보여주지 않는다고 툴툴거리고 있는 형국이다. 헛웃음이 나온다.

 누군가 그랬다. 상대에게서 마음에 들지 않는 점이 보인다면 자신에게도 그런 면이 있기 때문이라고 한다. '도둑이 제 발 저려' 거부감을 갖는 거라고 하는데 틀린 말이 아니다. 얼굴 가리개를 한 여인들이 나에게 피해를 준 일도 없지 않은가. 맨 얼굴로 있는 그대로의 나를 보여준 것 같지만 기실 주변 나를 아는 이들에게 나를 있는 그대로 보여주지 않는다. 화장을 하고 거짓 웃음으로 위장하고 달콤한 말로 포장을 한다.

 얼굴의 점만큼이나 '척'을 이곳저곳에 붙이고 있는 내가 가리개를 한 이들에게 불평하고 있다. '착한 척', '너그러운 척', '교양 있는 척' 등등 덕지덕지 붙어있으면서 말이다. 아마도 그 많은 '척'을 가리려면 나야말로 얼굴 가리개 몇 장은 쓰고 나다녀야 할 것이다.

- 2012. 02. 04

기억의 자리

　엘리베이터에 올랐다. 십사 층에 사는 할머니가 바로 들어선다. '놀러 갔다 오세요?' '아이구, 정신이 이렇게 없어서야. 뭘 놓고 와서 가지러 다시 올라간다우.' '아주머니, 저도 벌써 그러는데요.' '아니, 젊은 사람이.' 그 아주머니의 딸 나이이긴 하니 젊긴 젊었다.
　바로 어제 일이다. 어느 초등학교 보건실에 갔다. 그곳에 비치된 실내화를 갈아 신으려는데 보건 선생이 놀라는 표정이다. 내 양쪽 발에는 각각 갈색과 까만색 구두가 신겨 있는 것이다. 이미 벌어진 상황 어쩌랴. 창피함이야 이루 표현할 수가 없으나 나이가 무기인가. "누가 신을 짝짝이로 신고 외출했다더니 이제 내가 그러네." 하고 얼버무렸다. 볼일을 보고 다시 보건실에 오니 보건 선생이 자동차를 가지고 왔냐고 묻는다. "신을 빌려 드릴까 해서."

 이 일은 며칠 전의 사건에 비하면 별일도 아니다. 서늘한 바람이 등줄기를 타고 내려온다. 방금 목욕을 끝낸 탓만은 아니다. 문밖을 내다보고 또 내다본다. 토요일 오전이었다. 모처럼 산에 갔다가 아파트 입구에 서는 장에서 과일, 고구마, 야채를 샀다. 양이 많아 난전 주인이 집 앞까지 들어다 주었다.

 집에 들어서자마자 야채를 정리할 요량으로 주방부터 갔다. 다용도실에 놓아 둘 것과 냉장고에 넣을 것을 구분해서 넣었다. 얼굴과 목에서 땀이 줄줄 흐른다. 끈적거려 샤워부터 해야 겠다는 생각이 들자 아무 생각 없이 옷을 벗어 세탁기에 던져 놓고 목욕탕으로 갔다. 그리고는 샤워를 하고 안방에서 옷을 입고 나왔다.

 집 현관문이 활짝 열려있는 것을 안 것은 잠시 후다. 고구마와 과일 상자는 장사꾼이 현관 밖에 놓고 간 그대로다. 누군가 우리 집 앞을 지나간 것은 아니겠지. 우리 집을 들여다본 사람은 없을 거야. 아무도 여기에 없었겠지. 나를 계속 위로하는 수밖에 없다.

 활짝 열린 현관문은 '아무나 들어와서 집어가고 싶은 것 다 가져가시오.' 하고 있다. 유 아무개가 서울 시내를 다니며 많은 여인들에게 끔찍한 짓을 하고 검거된 일이 얼마 전인데. 내가 사고를 피해 가는 것이 아니고 사고가 나를 피해 간 것이다.

그런 우울한 일들은 열 손가락으로 다 셀 수가 없다. 은행 현금 인출기에서 돈을 빼지 않았다는 연락이 오기도 하고, 난방 스위치를 끄는 일을 잊어 집안을 찜질방 만들기, 목욕탕에 갔다가 목욕용품 놓고 나오기, 식당에서 나오면서 가방 놓고 나오는 일 등등 너무 잦아서. 이렇게 잊는 일이 잦다가 내가 나인 것조차 기억을 못하는 일이…. 상상하고 싶지 않다.

시차를 좀 두고 본 두 편의 영화가 생각난다. 한국 영화 〈내 머리 속의 지우개〉와 외화 〈노트북〉이다. 시간은 전자는 두 남녀의 젊은 시절, 후자는 두 남녀의 십 대부터 늙어 함께 죽을 때까지이다.

〈내 머리~〉는 젊은 여인이 결혼을 한 후 직장에서 집으로 돌아오는 길을 낯설어 하는 것이 그 병의 신호다. 병이 깊어지면서 자기를 사랑하는 남편에게 전에 실연당한 직장 상사의 이름을 불러 젊은 남편을 절망하게 한다. 기억이 정상으로 돌아오면 그 짧은 시간에 남편에게 자신의 절실한 맘을 글로 쓰고는 다시 딴사람이 된다. 자기와 주변 사람을 서서히 잊어가면서 모든 기능도 함께 상실해 도저히 혼자서는 살 수 없는 지경에 이른다. 요양원에 있는 아내를 만나고 돌아오는 남자의 눈물이 화면에 가득 찬다.

영화 〈노트북〉은 말 그대로 노트북이다. 노트북 컴퓨터가 아니다. 〈노트북〉은 한 요양원에서 할아버지가 한 할머니에게 공책을 보면서 젊은 남녀의 사랑을 읽어주는 것으로 시작된다. 그 할머니는 열심히 듣다가 피곤하다면서 일어난다. 할아버지는 요양원 정원의 한 무리의 가족에게 간다. 아들이 "아버지! 아버지도 몸이 좋지 않은데 어머니에게 이렇게까지 요양원에 기거하면서 하실 필요 없잖아요. 아버지도 하실 만큼 최선을 다하신 거예요. 이제 집으로 돌아가세요."라며 애원한다.

어려서부터 사랑한 이들은 여자 부모의 반대로 그들의 사랑을 이룰 수가 없었다. 집안과 걸맞은 남자와 결혼식을 며칠 앞둔 여자는 자신이 사랑하는 사람을 찾아간다. 어렵게 사랑을 이룬 남녀가 노년이 되어서 여자가 치매에 걸린다. 할아버지는 할머니의 병을 고치려고 요양원에 부러 입원하면서까지 할머니와 함께한다. 물론 할머니는 할아버지를 책을 읽어주는 봉사자 정도로 생각한다. 그 노트의 이야기는 할아버지가 직접 쓴 자신들의 사랑 이야기다. 문득 기억이 돌아오면 할아버지 손을 잡으면서 가슴 아파하다가도 기억이 사라지면 남편에게 '누군데 여기 있냐.'며 간호원을 부르며 비명을 지른다. 영화 막바지에 가서 다시 기억을 잡은 할머니는 심장병이 있는 할아버지와 서로의 사랑을 확인하면서 병실의 좁은 침대에서 함께 이 세상을 떠난다.

두 편의 영화는 주인공의 사랑이 치매로 고통을 받는 것을 그렸다. 남녀의 사랑과 고통스런 기억상실을 재료로 내놓는다. 단지 전자는 사랑하지만 어쩔 수 없어 포기하고 후자는 끝까지 부인과 함께한다는 점이 다르다.

영화에서는 질병을 우아하고 슬프게 그려 관객의 눈물을 자연스레 뽑지만, 현실에서는 눈물을 흘릴 여유조차 허락하지 않는 상상할 수 없는 일들이 벌어진다. 어제 신문에는 치매환자를 둔 가정 붕괴를 다룬 특집기사가 있었다. 일상의 작은 일들을 수시로 잊는 망각이 이 질병의 시작일 수도 있다는데…. 높은 데서 하는 일은 나의 권한 밖일 테지. 도리질을 해본다.

잊어야 할 일들은 따로 있음에도 그런 일들은 어찌도 그렇게 기억을 잘하는지. 누군가에게 도움 준 일, 빌려준 돈, 선물, 가족에게 쏟는 정성 등 나를 아프게 한 사람들은 저장해 놓고 보고 또 본다. 나의 안일을 위해 기도하는 어머니의 마음, 나에 대한 가족들의 사랑, 알게 모르게 도움을 주고 있는 친구들, 이웃들의 마음이 들어서야 하는데. 지난주 법문에서 얼핏 들은 이야기처럼 흘려보낼 것은 물 흐르듯 흘리고, 새길 것은 돌에 각을 하듯 새기고 보고 또 볼 일이다. 그러나 그 자리를 구분하는 일이 내게는 쉬운 일이 아니다.

다시 하루가 시작되고 바빠 나가느라 서둘러 신을 신는다. 신발을 짝 맞춰 신었는지 확인한다. 신발장 거울에 내가 흘깃 보인다. 윽! 정수리에 머리를 세팅하기 위한 분홍색 헤어 롤이 방글거리고 있었다.

— 2009. 06. 05.

재미

 일흔 살 정도 산다고 할 때 평생 웃는 날이 평균 팔십팔 일이라고 한다. 몇 초만 웃어도 수명이 연장된다지. 수명까지 기대하지 않아도 웃다 보면 곤란한 문제가 쉬워 보이고 팍팍한 삶은 부드러워진다. 재미있는 일이 없어도 일부러 소리 내서 웃으면 온몸의 장기가 움직이고 그로 인해 건강해진다고 한다. 화를 내고 인상 쓰는 모습보다 웃는 얼굴이 좋은 것은 분명하다.
 가끔은 가족을 웃기려고 해본다. 상상해 보시라. 아침 눈을 떠 거실로 나와서 소파에 앉아 신문을 훑고 있는 그 앞에서 자유롭게 헐크러진 머리를 한 채 막춤을 추는 정경을. 같이 사는 가족들이 하루를 웃음으로 시작하게 하려는 절절함이 느껴지지 않는가.

누구를 재미있게 해서 웃게 하는 것도 능력이다.

재미: 아기자기하게 즐거운 기분이나 느낌. 예) 재미나는 골에 범난다.

예문이 좀 위안이 된다. 거봐라 재미 찾다가 다른 거 놓치지. 하는 고소한 기분이 잠깐 든다.

"열심히 해주세요." 이러면 "네. 최선을 다하지요." 하고 할 만큼 하면 그만인데, "재미있게 해달라"고 하면 막막하다. 요즘 강의를 의뢰하는 담당자마다 전화를 끊기 전에 하는 말이 있다. "재미있게 해주세요." 그 재미가 나에겐 미션 임파서블(MISSION IMPOSSIBLE)이다.

주변에 재미있는 것들이 많다. 웬만큼 재미있지 않고는 관심을 끌 수가 없다. 청소년들을 상대로 하는 강의를 의뢰 받으면 거절하고 싶다. 제일 부담스럽다. 그들은 그야말로 재미 신봉자인 듯하다. 시각, 청각 등이 재미있어야 하는데 내가 강의실에 나타나면 일단은 시각적으로 점수를 깎는 것 같다. 그럼 청각적으로 화면으로 재미를 줘야 하는데 그것도 어려운 일이다. 그들의 시선을 잡기 위한 자료를 찾느라 모니터 앞에서 밤늦도록 앉아 있다 보면 눈이 뻐근하고 눈알이 튀어나올 것 같다.

준비를 할 만큼 했음에도 끝내고 나올 때 이 프로 부족한 그 무엇 때문에 뒤가 켕기는 기분이 들어 불편하다.

강사가 된다면 엄청 재미있게 활력있게 할 것 같은 이가 있다. 내가 하면 덤덤하고 썰렁한 이야기도 그가 하면 듣는 이들이 웃지 않을 수 없게 한다. 게다가 노래도 잘한다. 그런데 공식대로 안 되는 것이 세상일인가. 재주를 많이 갖고 있는 그는 별 관심이 없고, 빈약한 재료를 갖고 있는 나는 이 일에서 헤매고 있다.

그 곁에는 밥을 함께 먹으려고 하는 이들이 줄을 섰다. 밥을 사는 이가 많은 것이 부러운 것인지 그를 좋아하는 이들이 많은 게 부러운지 모호하지만, 에너지 넘치게 재미있게 이야기하는 친구의 재능이 나에게 없음이 아쉬운 것만은 확실하다.

재미있는 사람들 곁에는 늘 사람들이 많다. 모임에서 유머러스하게 이야기하는 이가 한 사람이라도 있으면 그 모임은 활기차다. 누군가 분위기를 부드럽게 띄울 재미있는 이야기를 하길 바라지만 그럴 사람이 없을 때가 있다. 그런 분위기가 내게 별 불편이 없으면 다행인데 난 슬그머니 답답해진다. 그간 들었던 넌센스 퀴즈나 유머를 떠올려본다. 생각이 나지도 않고 난다고 해도 내가 하면 썰렁해질까 걱정이 되어 속으로 우물거리다 만다.

그럼에도 난 남을 웃게 해야 하는 의무가 있는 것 같은 강박증이 있는 듯하다. 심리학에서 말하는 어떤 기제가 있는 듯하다. 무슨 기제에 해당할까. 중요한 것은 그런 의무감이 있음에도 별로 남을 웃게 하는 재주가 없으니 비극이다. 남을 웃게 하는 재주가 없으면 그런 강박증도 없어야 공평함에도 신의 저주마냥 의무는 느끼게 하고 빈 주머니만 던져주셨으니 참 너무하다.

강당이 들썩거릴 정도로 재미있는 강의. 도대체 재미란 뭐란 말이야. 어쩌다 그들을 웃게 했어도 제자리걸음이다. "재미있는 골에 범 난다."라는 말이 맘에 든다. 재미없는 대로 뭔가 내 모습 그대로 보여주고 그들에게 해야 하는 내용은 다 전달하면 나머지는 그들 마음대로 생각하라고 하는 것이 쉬울 것 같다.

휴대폰에 낯선 전화번호가 떴다. 그것도 두 번이나. 혹시 스미싱? 확인하고 아니라는 것을 알곤 그 번호를 누른다. 낯선 번호의 주인은 내일 강의하기로 한 학교 담당 선생님이다. "선생님! 비슷한 내용 몇 번 들었으니까 재미있게 해주세요!" 나는 비명이 터져 나올 것 같아 숨을 멈춘다.

- 2013. 12. 09

설악산

　새벽 세 시. 우리는 '오색 약수터에서 내렸다. 온통 어둠의 장막이다. 바람은 날카롭다. 안내원이 입장권을 구입하더니 출발하자고 한다. 앞사람의 불빛을 따라 오솔길로 들어섰다. 전쟁터로 나가는 비장함마저 느낀다. 서로가 모르는 이들이지만 마음과 마음이 이어지는 듯하다. 숨소리, 발자국 소리, 등산객이 각자 든 전지 불빛뿐이다.
　숨이 가빠진다. 가슴이 터질 듯 아프기 시작한다. 큰숨을 쉬어 봐도 사라지지 않는다. 괜히 왔다고 불평하던 아이도 이제 그럴 기운도 없는지 말 없이 따라온다.
　계곡물 소리인지 나무를 흔드는 소리인지 분간이 가지 않는다. 소리들이 밀려오듯 지나가고 다시 돌아온다. 불빛들이 일렁이며 삼삼오오 움직인다. 머리와 얼굴 모두 땀으로 세수를 한다. 힘들어서 나무에 의지하려고 잡는다고 손을 뻗으면 누군가의 다리다.

심장이 폭발할 듯한 지경에 이르면 완만한 내리막길로 접어든다. 여유있게 두런거리는 소리도 들린다. 편안하게 숨을 쉬게 되니 평화롭다. 살면서 힘들다고 비명이 터져 나올 쯤이면 한숨 돌리는 순간이 있다는 것을 산이 말한다.

아들은 언제 투덜거렸는가 하는 듯 우리를 제치고 시원스레 움직인다. 각자 두 병씩 넣어 왔던 물은 한 통만 남았다. 다른 이들의 불빛이 보이지 않는다. 전지의 빛이 흐려지고 있다. 동이 틀 때까지는 버텨야 하는데 걱정된다. 화려한 빛을 내다가 어느 사이 자신의 몸도 밝히지 못하고 사그라드는 전지를 보니 인간의 삶의 여정을 보는 듯하다.

주변의 모습이 서서히 윤곽을 드러낸다. 대청봉까지 한참을 가야 하는데 해가 올라오는 시각은 얼마 남지 않았다. 마음이 급하다. 걸음을 재촉해 보지만 저 멀리 보이는 바다가 발갛게 물들기 시작한다. 정체를 알 수 없는 뭔가가 점점 바다를 물들이더니 '툭'하고 바다에서 빠져나온다. 해다. 일렁이면서 서서히 웅장한 새벽 해가 자태를 보여준다. 해돋이를 하면서 가족의 건강과 안녕을 기원하고 모든 이의 평안을 바라 본다. 새벽 기운을 받고 있는 산봉우리에 구름과 안개가 어우러져 더욱 신비롭다. 이런 분위기를 맛보기 위해 그 고통을 감수하고 산을 오르나 보다.

폐쇄되었다는 대청봉 대피소가 보인다. 먼저 올라온 이들이 바람을 피해 옹기종기 모여 라면을 먹거나 차를 마시고 있다. 우리도 적당한 자리를 차지하고 앉았다. 커피는 미지근하고 김밥은 얼음덩이가 되었다.

산 정상에는 모양새가 뒤틀린 작은 나무들이 서리에 덮여 있다. 내려오면서 나무 종류가 달라진다. 좀더 내려오니 단풍나무들이 즐겁다. 비선대에는 설악동에서 곧바로 올라온 이들이 단풍놀이를 하고 있다. 단풍을 감상할 여유도 없다. 곁눈질로 만족하면서 정신없이 내려갔다. 겨우 찾은 이정표엔 주차장까지 아직 멀었음만 알리고 있다. 이제는 단풍나무를 곁눈질할 여유도 없다. 우리와 같은 여행사 배지를 단 어떤 가족의 어린 딸은 못 걷겠다고 주저앉으려고 한다. 그 아이 엄마가 달래느라 애쓴다.

버스가 보인다. 차 안에는 선두팀과 설악동으로 직접 갔다온 이들뿐이다. 생각보다 우리가 일찍 왔다. 건너 음식점으로 갔다. 동동주와 감자전으로 대청봉 산행을 서로 축하한다. 거울을 보지 않아도 남편을 보니 내 얼굴이 가히 짐작이 간다. 땀으로 헝클어진 머리카락과 상기된 얼굴. 그러나 힘든 일을 해냈다는 뿌듯함으로 눈은 빛난다.

산에 오를 때마다 후회한다. 다리는 쥐가 나고 숨은 가쁘고 가슴은 터질 듯하다. 시간이 지나면서 내려갈 수도 없으니 그저 오르면 산이 나에게 너그러워졌던가. 내가 산에게 공손해졌는지 청량한 산 기운이 가슴을 달래고 향기로움으로 나를 감싼다. 이런 갈등을 몇 번 겪다 보면 정상에 도착한다. 이루었다는 자신감이 다시 새롭게 만든다. 산 오르기와 세상 살기는 정말 비슷하다.

－《제물포수필》 28집 하, 1996년

가을 나들이

　창밖이 회색빛으로 변하는 것을 보면서 일어났다. 아이의 학교 어머니회에서 가을 나들이를 가기로 한 날이다. ○○제약회사에 들렀다가 '대전EXPO'를 관람하기로 예정되어 있다. 남편과 아이에게 평소보다 한 시간 이른 아침 식사를 차려주고, 남편에게 아이 등교를 챙기고 출근하라고 부탁하고 집을 나왔다.
　무척 차가운 날씨다. 약속 장소인 역 광장에 도착하니 일곱 시가 채 되지 않았다. 회원들은 거의 다 온 듯했다. 그곳에는 많은 관광버스와 여행복을 입은 이들이 삼삼오오 모여 떠난다는 막연한 즐거움으로 이야기꽃을 피우고 있다.
　우리를 안내하는 담당자는 조금 늦게 왔다. 이렇게 많은 버스 가운데 우리가 타야 하는 버스는 아직 보이지 않는다. 아직 도착하지 않았다고 한다. 담당은 전화기가 있는 곳으로 뛰어갔다 오기도 하고 지하도를 오르내리며 허둥댄다. 우리가 탈 버스가 엉뚱한 곳에 주차가 되었는가 해서 그러는 듯하다.

시간은 무심하게 흘러 어느덧 울긋불긋한 여행객의 재잘거림과 그 많던 관광버스는 모두 사라지고 우리 삼삽여 명과 어떤 낡은 통근 버스 한 대만 있을 뿐이다. 그 버스도 OO제약회사 직원을 태우고 '대전EXPO'에 갈 예정인데 두 시간이 지나도록 사람들이 나타나지 않는다고 한다. 우리 담당자는 그 버스 기사에게 우리를 태우고 대전에 가자고 제안했다. 그러나 그 기사는 일정 요금의 두 배를 요구해서 무산되었다. 잠시 후 그 버스도 텅 빈 채로 떠나 버렸다. 커피를 마시면서 어머니회 회장 결정만 기다렸다. 배도 고프고 이제 춥기도 했다. 처량 맞은 상황이다.

오전 열 시가 넘었다. 어디로 가기엔 너무 늦은 시각이다. 아침 식사나 하고 해산하기로 했다. 잠시 후 좀 전에 전화로 예약해 둔 음식점으로 몰려가 구수한 해장국으로 서운하고 화나는 마음을 억지로 녹였다. 갑자기 한쪽에서 웅성거린다

"버스회사에서 손해 배상을 하라고 한대."

"어머, 우리가 버스를 몇 시간이나 기다렸는데."

"그 버스도 그 광장에서 여섯 시부터 대기했었대."

"아니, 그럼 그 버스가······."

어찌해서 우리 담당과 버스회사가 연락이 닿았다. 잘잘못을 가리기에 어처구니없게 되었다. 배차하는 과정에서 그곳 직원이 운전 기사에게 'OO어머니회가 OO제약회사에 들렀다가 대전 EXPO로 간다.'고 전해야 할 것을 'OO제약회사 직원이 대전 EXPO로 간다.'고 말을 했다니. 우리가 계약한 관광버스가 갑자기 고장이 나 급히 통근 버스 기사에게 의뢰한 과정에서 이렇게 일이 전달이 엉키는 바람에 그런 사달이 났다.

전화벨이 울린다. 남편의 전화다.

"왜 집에 있어? 무슨 일 있어?"

이렇게 나의 가을 나들이는 허망하게 끝이 났다.

초등학교 국어 시간 '말 전하기'라는 단원이 있었다. 선생님이 앞에 앉아 있는 그 아이만 보도록 글이 적힌 메모지를 준다. 그 아이는 뒤에 있는 아이에게 메모지에 적힌 말을 들려준다. 그다음 아이도 자기 뒤에 있는 아이에게 전달하고 제일 뒤에 앉아 있는 아이가 자기가 들은 말을 칠판에 적는다.

각 분단별로 칠판에 적은 글을 보면 메모지의 내용과 비슷한 글도 있지만, 대부분 엉뚱한 의미로 바뀌어서 교실 안은 웃음바다가 된다.

유실된 가을 나들이로 말을 잘 전달하기의 중요성을 다시 생각한다. 한마디 말이 주는 영향은 도미노 게임처럼 파급이

커진다. 정확하게 옮기지 못한 말로 친구나 이웃을 갈등과 분쟁으로 몰아넣을 수 있다. 우리 역사나 세계사에서도 한 사람의 한마디 말로 그 시대를 피로 물들게 하는 사건들이 많지 않은가. 들은 말을 잘 전달하지 못하거나 아집과 편견의 노예가 되어 자신의 잣대로 쏟아내는 말은 상처가 되고 독이 되고 만다. 파멸을 가져온다.

생각 없이 한 말, 신중하지 못한 말, 잘못 전달된 말은 상처가 되고 심적으로나 물리적을 큰 피해를 입는다는 것을 몸소 체험한 날이다. 투명하고 고요한 가을밤이 깊어간다. '많이 보라고 눈은 두 개고 신중하게 말하라고 입은 하나'라는 탈무드의 말이 있다. 타인의 이야기는 신중하게 듣고 전달은 정확하게. 내 말이 누군가에게 흉기가 되어 상처를 주고 고통을 받게 하지 않기를.

- 《제물포수필》 26집, 1995년

순간의 선택

 "순간의 선택이 평생을 좌우한다."는 그 흔한 말이 내 것이 되었다. 걷기에는 멀고 차로 가면 주차하기 복잡해 다니던 한의원을 바꾸겠다고 생각하던 참이었다. 손목이 아파서 걸어갈 만한 거리의 한의원을 찾아보기로 했다. 골목을 사이로 한의원이 두 곳이 있다. 한쪽은 '학익 한의원'이고 다른 곳은 '거북이 한의원'이다. '거북이 한의원'이라는 상호가 마음에 들었다.
 그 후 몇 달이 지난 토요일 갑자기 허리 통증으로 몸을 움직일 수 없었다. 다음 날은 일요일이어서 어쩌는 수 없이 참았다가 월요일이 되어서 '거북이 한의원'에 갔다. 의사는 그간 십수 번을 만났어도 하지 않던 이야기를 한다. '체중이 늘면 허리와 무릎이 아프다, 살을 빼야겠다.'고. 병원 실장은 내 체중을 잰다. 보고 싶지 않은 숫자가 껌벅거린다. 실장은 내게 간헐적 단식해 보자고 한다. 아침 여덟 시와 오후 네 시에 식사를 해야 한다.

이 주간에 실천한 간헐적 단식 결과는 실패다. 체중은 조금 줄었지만 비만도에 변화가 없다. 두 끼 식사를 너무 많이 먹은 것이다. 내가 생각해봐도 세끼 식사 양을 두 끼로 나누어 했을 뿐이니 단식이라고 할 수가 없다.

의원 실장은 '토달탕을 아느냐.' 한다. '토달탕' 만드는 법을 적은 명함 크기의 이면지를 주고는 만드는 법을 설명한다. 이후 병원에 갈 때마다 비만도를 체크하고 줄면 식사량을 좀 풍부하게, 체중이 늘면 칼로리가 거의 없는 식단을 짜준다. 상추 다섯 장에 바싹 구운 돼지불고기 싸먹기, 삶은 계란 두 개와 토마토, 군두부와 샐러드 한 접시, 파프리카와 닭가슴살을 싼 가지말이 네 장, 꼬시레기와 오이를 만 김말이 네 개를 와사비장에 찍어 먹기, 'ABC(사과, 비트, 당근)주스' 한 컵 등등이다.

오랜 식습관 때문인지 실장이 준 레시피대로 실천하기가 그리 쉽지 않았다. 저울은 냉정하다. 손녀가 남긴 달걀부침, 오리고기 조금, 쇠고기 조금, 유혹에 넘어간 고구마 반 개, 참다가 마신 맥주 한 캔, 아몬드 서너 알 등 궁색한 핑계를 대면서 줄줄이 자백한다. 그녀가 준 식단만 먹었다면 이전보다 줄어야 한다는 것이다.

전날 외식을 하면 숙제를 안 한 학생이 학교 가기 싫은 그런 기분으로 한의원에 간다. 손녀는 자기가 먹는 과자를 나보고 먹으라고 한다. 내가 거절하니, "먹으면 의사 선생님이 뭐라고 해? 하나인데 뭐 어때." 하면서 나를 꼬드긴다. 그러던 손녀도 "할머니 요거 먹으면 의사 선생님한테 혼나지." 뭔가를 먹는 나를 보면 손녀는 "할머니 이제 다이어트 안 해?" 한다.

차츰 식습관이 조절되어 가다 되니 실장이 알려준 식단으로 두 끼를 먹는데 배가 고프거나 기운이 없어 일상이 힘들지 않았다. 뭔가에 홀린 듯 힘들지 않게 체중 조절을 했다. 다이어트 귀신에 씌인 것인가.

친구들이 나의 변화를 눈치채기 시작했다. '살이 빠진 것 같다, 어디가 아픈 것 아니냐.' '이대로라면 55사이즈를 입는 것 아냐.' 하면서 놀란다. 그동안 필요한 옷은 백화점이나 의류 매장에서 몸에 맞기만 하면 취향을 따질 엄두도 못 내고 샀다. 홈쇼핑에서 제일 큰 치수를 주문했지만 맞지 않아 반품한 적도 있다. 이제 그런 걱정을 하지 않아도 된다. 입던 바지 허리를 줄여달라고 수선집에 맡겼다. 매달 정기적으로 내과에서 검사하는 혈압이나 혈당 수치가 정상으로 나와 즐겁다. 편안하다는 말이 맞겠지.

최근엔 무릎이 시큰해 침을 맞고 있다. 나도 모르게 갈비뼈가 있는 곳을 손으로 쓸어내렸다. 간호사가 "어디 불편하세요?" 한다. 나는 "아니오. 갈비뼈가 만져져서요. 목도 생겼어요." 간호사는 웃음을 터뜨리면서 "OO 씨는 은근히 웃긴다니까요." 한다.

'운동도 해야 하고 식사량도 줄여야 해.'라는 너무도 평범한 진실. 하지만 실천하기 쉽지 않은 그 일을 해냈다. 기적처럼 아주 우연히 체중 조절에 성공했으니 아무리 생각해도 뭔가에 홀린 것만 같다. 한의원을 바꿀 때 옆에 있는 한의원으로 갔다면 여전히 초고도비만인 채로 성인병은 더 심각해졌을 것이다.

체중 조절하기 시작하고 일 년이 되어가는 지금도 두서너 달 간격으로 한의원에 가게 된다. 손가락, 무릎, 허리 등이 돌아가면서 아프다. 가끔 보는 실장은 그때마다 비만도를 체크한다. 관리를 잘하고 있다고 하지만 야금야금 늘고 있다. 줄이기는 쉽지 않다. 조금 불은 체중을 빼려니 처음처럼 조절이 쉽지 않다. 다이어트 귀신이 쉽게 다가오지 않는다.

황톳길 맨발 걷기를 하고 있었다. 종이컵을 들고 있는 여자가 "커피가 있으면 좀 드릴 텐데." 한다. 괜찮다고 하는 내게 "언니인 거 같은데 우리 같이 걸어요." 한다. 유난히 요즘 나와 비슷한 연배가 나에게 언니라고 한다. 내가 몇 살로 보이는지 확인하고 싶었다. 내 나이가 몇으로 보이는지 물으니 선뜻 답을 하지 않는다. 하여 내가 상대방에게 몇 년생인지 물었다. 그는 "OO년생인데요." 한다. 나보다 몇 살 연배다. 정말 요즘 다른 이들 눈에 내가 몇 살로 보이는지 궁금했던 것인데, 민망하게도 그는 너무 미안해했다.

지금 읽고 있는 소설에서 "무언가를 얻으면 무언가를 놔주어야 하는 법"이라는 문장이 눈에 휙 들어온다. 다이어트로 인해서 나이보다 더 들어 보이는 지금. 어쩌랴. 하나를 얻으면 하나를 잃어야지. 건강을 찾았으니 된 것 아닌가. 순간의 선택, 하여간 최고의 선택이었다.

─ 《인천문단》 52집, 2023

붓을 들고

　오늘은 몇 장 써야 한다. 내일이 공모전 마감일이다. 먹을 갈아놓고 붓을 먹물에 푹 담근다. 꾸준히 연습하지 않은 것이 이제야 후회스럽다. 나와 인연이 있는 많은 일들이 책상 앞으로 가지 못하게 한다. 여기서 멈출 수도 있지만 이미 내가 선택한 일이니 딱하다.

　화선지를 글자 수에 맞춰 정확하게 접어 정성스럽게 편다. 먹의 농도를 살피느라 이미 파지가 된 화선지에 몇 자 끼적거린다. 적당하다. 호흡을 가다듬는다.

　화선지 첫 칸으로 붓을 옮긴다. 자신 있게 첫 획을 그으면 좋으련만 망설여진다. 붓을 들고 위치를 가늠한다. 맨 처음 붓을 어디에 찍느냐에 따라 작품이 되느냐 쓰레기가 되느냐가 결정된다. 번번이 쓰레기통으로 들어간다. 한 자만 쓰고도 잘못되면 다시 새로 써야 하지만, 거의 다 써가다가도 마지막에 가서 한 획 잘못 그으면 새로 시작해야만 한다. 그러나 연습이나 할 값으로 잘못 시작된 것임을 알지만 써 내려간다. 내 사랑이 아닌데 계속 사랑하는 미련한 연인처럼. 다행인 것은 시간만 허락한다면 다시 시도할 기회는 여러 번 있다. 세상사도 그러면 좋겠지만 동화책에도 나오지 않을 일이다.

주민등록증을 발급 받을 나이가 되면서 화선지에 첫 획을 그을 때의 떨림과도 같은 순간들이 줄을 섰다. 전공을 정할 때, 직장을 A, B 둘 중 하나를 골라야만 할 때, 결혼, 퇴직, 이사, 아이의 유치원, 아파트 분양 등 그 외의 많은 일을 선택해야만 할 때 그 긴장과 떨림 그리고 선택을 하고 그 방향으로 나갈 때 쓰다 만 화선지를 버리고 새 화선지를 펼치는 것처럼 다시 시작하기 거의 불가능하다는 점이다. 삶은 잘못되었다고 해도 계속 써야만 할 때가 있다. 약간의 덧칠이나 할 수 있을 뿐 지울 수는 없다.

졸업 후 직장을 정해야 할 때의 고통이 떠오른다. 같이 잠을 이루지 못하는 어머니의 '네가 편한 대로 선택해라.'고 한 말에 겨우 결정할 수 있었다. 여기에 붓을 댈까 아니면 좀 더 옆에다 찍을까 망설이듯 A로 정할까 B로 정할까. 집을 떠나지 않고 다니려면 A로 가야 하는데 미리 인턴으로 근무한바 그 직장

분위기는 너무 경직되어 불편했다. B로 간다면 처음으로 집을 떠나서 생활을 해야 했다. 그러나 그 학교는 호수가 있고 숲이 울창한 분위기가 좋은 곳이었다. 지방이지만 좋은 곳이라고 추천하는 이들이 몇 있었다. 그 직장을 그만둘 때는 붓을 들고 망설이는 것처럼 갈등할 시간이 없었다. 무슨 확신에 그랬는지 지금은 후회하기도 하고 의아스럽기도 하다. 훗날 직장 선택이나 퇴직의 결정이 다 잘못되었는지도 모른다는 혼란이 없었던 것도 아니다. 선택은 정말 어려운 일이다.

화선지 절반을 써가고 있다. 획이 힘있게 나오지 않는다. 똑바로 쓰고자 하지만 알 수 없는 힘이 작용하는지 내 의지와 상관없이 번번이 한쪽으로 기울어진다. 획의 끝을 날카롭게 뽑으려고 하지만 이미 힘이 빠져 두리뭉실해진다. 날렵하고 야무지게 쓰면 좋겠지만 왜 그리 퍼지는지, 마무리도 못하고 일을 벌리기만 하는 영락없는 내 모습이다. 글은 주인을 닮는다는데 틀린 말이 아니다.

쓰고 또 쓴다. 그 가운데서 한 장만 건지면 된다. 하지만 몇십 장을 썼지만 완벽하게 쓴 것은 한 장도 없다. 이거다 싶으면 첫 자가 잘못되었고 저거다 싶으면 중간 글자가 맘에 안 든다. 여기서 마음에 안 드는 글자는 다른 데서는 자연스럽다. 오려 붙였으면 좋겠다. 의식을 하고 잘 쓰려고 하다 보면 열에 아홉은 성공하지 못한다. 그야말로 무념의 상태로 붓을 움직였던 것이 자연스럽다. 작품으로 탄생되는 것이다. 진리는 하나로 통한다지. 일상에서도 잘한다고 한 일이 도리어 엉망이 되어 억울하고 화났던 적이 어디 한둘인가.

화선지에 처음 붓을 대는 일처럼 숨쉬고 사는 한 선택해야 할 것들이 늘 기다린다. 그 선택이 잘되었든 아니든 버리고 처음부터 시작할 수는 없다. 일단 선택한 것들은 나와 인연이 있어서려니 하고 보듬어 안아야지 잘못 쓴 화선지마냥 폐지 통에 버리는 것만이 능사가 아니다.

몇 장 내리썼더니 팔목이 뻐근하고 다리도 아프다. 냉수나 한 잔 마시고 쉬고 싶다. 열심히 쓴 것만 위로하자. 지금까지 쓴 것 가운데 가장 괜찮아 보이는 것을 내면 되겠지. 입상을 못해도 실망하지 않을 일이다.

- 《제물포수필》 44집, 2004년

3부

골목 콘서트

골목 콘서트
말할 걸 그랬지
그때가 좋았어
남루하지만 그리운
어머니의 나들이
쇠죽 끓이셨어요?
장모님 무릎 괜찮으세요
새로운 도전
집으로
덕분입니다

골목 콘서트

 명절 다음날이다. 친정에서 동생들과 만나기로 했다. 이런 저런 이야기를 하다가 세상을 떠난 지 수십 년 되는 친정아버지 의식처럼 추억한다. 일을 끝내고 늦은 밤 귀가하는 아버지 손에는 꼭 우리의 간식거리를 들려 있었다. 동생들은 당시 인기 있던 부라보콘과 군고구마, 센베이, 사과 그리고 호떡 등을 앞다퉈 이야기하면서, 자고 있으면 깨워서 먹게 한 아버지를 서로 자기만의 기억으로 그림을 그린다.
 사는 일이 쉽지 않은 그 시절 〈돌아오라 소렌토로〉를 원어 (정확한 원어였는지는 모른다.)로 불렀던 아버지를 생각하면 현실감이 없다. "아름다운 저 바다와 그리운 그 빛난 햇빛~"으로 시작되는 〈오 솔레미오〉, "기러기 울어예는~"의 〈이별〉, 〈만고강산〉 등이 아버지의 레퍼토리다. 다른 건 몰라도 라디오나 텔레비전에서 이 노래들이 나오면 어머니와 우리는 아버지의 노래가 자동으로 떠오른다.

아버지는 이 노래들을 흥얼거리는 게 아니다. 청중이 가득한 무대에서 혼신의 힘을 다해 부르는 콘서트에 선 가수와 같은 자세로 불렀다. 오래된 일이니 과장이 끼여들 여지는 많다. 아버지는 자주 부르지는 않았다. 보통 귀가 시간보다 늦는 듯하면 골목 어귀에서 아버지의 노래가 들리기 시작한다. 골목 어귀에서 집까지 꽤 거리가 있으니 '피아니시모'로 들리다가 '포르테' '포르테시모'로 들려오는 것이다. 대문 소리가 나고 그 노래는 마루에서 좀더 계속된다.

지금이야 이렇게 편하게 이야기하지만 초등학교 5, 6학년 즈음에는 아버지 노래가 들리기 시작하면 이불을 뒤집어쓰고 자는 척했다. 한 달에 몇 번씩이나 열리는 골목 콘서트가 나는 싫었다. 당신은 마루에서 공연을 마무리하고 우리를 깨운다. 이불을 구석으로 밀어놓고 우리에게 노래를 부르라고 한다. 어머니는 이때 어떻게 하셨는지 기억이 안 난다. "○○ 아버지, 그만 좀 해요."라고 했거나 예의 무덤덤함으로 대처했을지도 모르겠다.

골목 콘서트 선정 곡은 지정곡이다. 상설 무대처럼 대여섯 곡을 감상할 수 있었다. 창피하게 생각하던 아버지의 노래를 우리도 학년이 올라가면서 함께 따라 부르게 되었다. 동생들은 어떠했는지 모르지만 나는 중학교 삼학년이 되면서는 그 상황을 편하게 생각할 수 있었다. 아버지 노래가 창피하단 생각이 사라졌다.

고등학생이 되면서는 아버지 노래를 들은 기억이 없다. 대학 입시 준비와 그 시절 많은 고민에 휘청거리느라 귀도 마음도 닫고 있었는가. 대학을 다니면서는 아르바이트와 친구들과 어울리느라고 늦게 귀가하니 더욱 골목 콘서트를 감상하기 어려웠다. 그리고 이 년 후 영원히 아버지 노래를 들을 수가 없었다.

이북이 고향인 아버지는 그곳에서 공업학교를 나왔다. 전쟁 후 직장도 놓고 맨몸으로 서울에 자리를 잡았다. 전기 전문이지만 서울에서 직장을 구하지 못했다. 현실은 청년인 아버지의 어깨를 짓누르고 자신의 꿈을 접어야 했을 것이다. 막막한 상황에서 같은 처지의 친구와 어울려서 노래를 하고는 했단다. 마음껏 노래를 하다 보면 희망의 샘이 만들어졌을지도.

아버지는 결혼하고 책임져야 하는 가족이 늘었다. 아이디어가 생겨서 물건을 만들려면 자금이 모자라 만들지 못하고 있는 틈에 가까운 이들이 아이디어를 가로채 상황은 더 어려웠다고 한다. 지금은 흔한 양철 필통을 그 시절 만들어 팔기도 했다. 조금도 나아지는 것 같지 않자 어머니는 돌이 안 된 나를 삼촌에게 맡기고 직장을 찾아보기도 했다. 삼촌은 우는 조카를 달래느라 부엌에 매단 삶은 보리를 먹였는데 그 보리밥 알을 잘 먹고 울음도 그쳤다고 한다.

"아름다운 저 바다와 그리운 그 빛난 햇빛~"을 시원하게 부르면서 그리운 고향을 다시 떠올리고 아버지는 자신을 위로하고 추슬렀을 것이다.

추억엔 과장이 끼어들게 마련이다. 덧칠하기도 하고 기억하고 싶지 않은 부분은 빼버리기도 한다. 뒤에 남은 사람들이 그 일을, 또는 그 사람을 기억하면서 행복하고 즐겁다면 과장된 추억이라고 해도 자기 몫을 다하는 것이 아닐까. 우리 형제들 가운데 아버지 목소리를 닮은 자는 누구일까. 분명 나는 아니다. 아버지는 큰사위 반주로 "아름다운 저 바다와 그리운 그 빛 난 햇빛~"을 부를 수도 있었는데 서둘러 떠나셨다.

－《제물포수필》 36 상, 2000년

말할 걸 그랬지

"오늘 비가 오는 줄 알았는데 비도 안 와서 우산은 무겁게 가지고 갔다. 성당에서 촛불 봉헌을 했다. 오후에 인천 딸이 왔다. 웬 고기를 사준다고 해서 같이 나갔다. 사는 것은 보지 못했는데 고기를 많이 샀다. 고기가 고소하고 맛있게 상추하고 잘 먹기는 했느데 너무 과용한 것 같다."

띵동. 남동생의 카톡이다. 어머니 일기의 일부를 찍은 사진이다.

어머니의 기억에 좀 이상이 생기면서 막냇동생이 어머니에게 일기를 쓰라고 노트도 사다 주고 하더니, 어머니가 십여 일 정도 일기를 쓰셨나 보다. 그 일부에 큰딸인 나의 이야기를 동생이 찍어 보냈다.

올해 들어서 최고로 춥다고 한다. 아침에 어머니가 다니던 성당으로 갔다. 유족 가족석에 앉았다. 일어나기도 무릎 꿇기도 하면서 주변 사람들이 하는 대로 따라 한다. 목소리가 멋진 신부가 다른 이름과 함께 '박찬순 데레사~.'를 부른다. 어머니 삼우제 미사를 드렸다.

이제 포천에 있는 장지로 떠난다. 일기예보와 달리 하늘은 높고 눈이 시리게 푸르다. 바람도 뭘 아는 것처럼 상냥하다. 떼가 벗겨진 봉분은 몇 십 년 전 미리 들어간 아버지와 이틀 전에 누운 어머니의 것이다.

동생댁은 어머니가 아침 식사 후 커피 한 잔씩 보약처럼 꼭 했다면서 미리 준비한 잔에 커피를 따라 산소 앞에 놓는다. 동생들은 기도책을 펴서 기도문을 읽는다.

"멀리 안 나간다."
"계단도 위험한데 내려오지 마세요. 빨리 현관문 닫으세요."
그날도 다른 날과 마찬가지였다. 어머니가 다니는 데이케어 센터(장기요양 대상 노인들을 돌봄과 식사 제공, 노인이 소화할 프로그램을 진행하는 곳)의 좁은 골목에 도착해서 나가기 편하게 차를 힘들게 주차했다. 센터 직원에게 친정어머니 내려보내 달라고 전화를 했다.

어머니가 나올 시간인 듯해 센터 현관 로비로 갔다. 실내화를 외출 신으로 갈아 신고 계신다. 전보다 더 행동이 굼떠지신 것 같다. 직원의 손을 꼭 잡고 나온다. 큰딸을 보고 씩 웃는다. 여느 때처럼 어머니는 자동차 뒷좌석에 앉는다. 어머니가 내과 검진받는 날이다. 의사는 여전히 "어머니, 운동하셔야 해요. 불편한 데 없으세요?" "숨이 차요." "그건 할 수 없어요. 더 나빠지지 않게만 해야지요. 약 잘 드시고 운동하세요." 의사 말에 노인네는 수줍은 듯 웃으며 "네." 한다. 노인네가 이 추운 날 어디서 운동을 하란 말인지 딱하다.

병원을 나왔다. 친정집으로 올라가는 길에 있는 목욕탕으로 갔다. 오늘은 늘 하던 말을 안 하신다. 목욕탕에 올 때마다 어머니는 손으로 입을 가리고 쑥스럽게 웃으면서 "목욕한 지 몇 달 되는데…." 그러실 때마다 나는 "엄마, 지난 달에도 왔거든요." 한다. 오늘따라 그 말을 안 하시니 신기하다. 그 말 하는 것도 잊었나 보다.

개인 샤워기가 있는 곳에 자리를 못 잡아 목욕하기가 불편해졌다. 어머니 머리를 감겨주려니까 당신 혼자 감겠다고 엉거주춤 자세를 잡는다. 자식들이 어느 동네에서 태어났는지, 센터에서 무슨 반찬을 드셨는지, 당신 나이가 여전히 일흔세 살이라며 당신 나이도 가끔 잊지만 체면의 끈은 놓지 않는다.

목욕탕을 나와 어머니 손을 잡고 다른 손에는 김치 통을 들고 친정집으로 올라갔다. "무겁게 그런 건 왜 가져왔니? 같이 들자." 한다. 어떤 때는 너무하다 할 정도로 딸이 밥을 먹었는지 못 먹었는지 챙기지 않더니 오늘따라 김치 통 들고 가는 나를 걱정한다. 그래도 내 손은 놓지 않는다. 거의 다 도착할 무렵 어머니를 나보다 앞서서 가게 했다. 집에 오르더니 당신 집 현관 열쇠 번호를 꾹꾹 누른다. 문이 철컥 열린다. 아직은 당신 집 현관 열쇠 번호를 기억하니 참 다행이다.

어머니와 병원 가는 날, 늘 그렇듯이 저녁 식사 시간이 되어 계란부침과 몇 가지 반찬으로 어머니 식사를 차렸다. "애, 같이 먹자." 한다. 식사를 차려드리면 딸에게 저녁 식사를 하자고 권하지 않더니, 오늘따라 별일이다 싶으면서도 "엄마 사위하고 같이 먹어야지요." 하고 어머니 드시는 것만 지켜보았다.

뒷서리지하고 가방 들고 현관문을 나서려다가 어머니 발톱을 깎아드리지 않은 것이 생각났다. 도로 주저앉아 어머니 발톱을 깎고 나니 환한 미소로 "고맙다." 한다. "난 안 나간다." 하는 말에 어머니에게 얼른 문 닫으라고 하고는 서둘러 계단을 내려갔다.

문득 뭔가 잊은 것 같다. 그게 뭘까. 몇 계단 내려서다가 '엄마를 꼭 안아주고 사랑한다고 말해 줄 걸.' 그래도 도로 올라

가지 않고 내처 걸어갔다. 다음에 하지. '엄마를 꼭 안아주고 왔어야 했는데.' 그 생각이 머리에서 떠나지 않을 때마다 '열흘 후면 만날 텐데 뭐. 그때는 꼭 그렇게 하지.' 하고 스스로 위로했다.

'이 순간이 지구의 종말인 것처럼 살자.' 그렇게 살아야 한다고 늘 생각만 한다. 그러나 습관처럼 늘 '다음'이 있다고, 다음이 당연히 기다리고 있다고 믿는다. 하지만 그다음은 날 기다려 주지 않았다.

— 2014. 12. 21.

그때가 좋았어

"그때가 좋았어."라고 이야기하면서 지나간 시간을 그리워한다. 이 년 전에는 팔순 노모와 가끔 용산역에 있는 극장에서 만났다. 여동생은 신촌, 나는 인천 주안, 어머니는 명륜동에 산다. 우리는 가끔 극장에서 영화 한 편 보고 그때그때 맛있는 점심을 먹는다. 나도 주안에서 용산역 가는 일은 부담스럽지 않다. 그렇게 셋이서 몇 년을 만났다. 그때가 좋았다.

어머니는 인천에 사는 딸네 집에 한 달에 한 번 정도 오셨다. 그때마다 내가 주안역으로 모시러 갔다. 그 날도 어머니가 역에 도착하실 시간에 전화로 지금 어디쯤 오시는지 물었다. 어머니는 옆사람에게 물어보는 듯하더니 도원역이라고 하신다.

어머니에게 전철에서 내려서 다른 곳 가지 말고 역 안 의자에 꼭 앉아 있으라고 했다. 어머니는 주안역에서 두 역을 지나고도 내릴 생각을 하지 못하신 것이다. 큰딸이 사는 곳에 와서 찜질방에 가고 식사하고 다시 혼자 서울로 다니던 분인데 내려야 할 역을 깜빡하신 게 아니고 기억을 하지 못하신 것이다.

그런 일이 있고 나서 나와 동생은 어머니가 사는 동네 극장 부근에서 만나기 시작했다. 몇 달이 지난 어느 날, 그 날도 혜화역 부근 빵집에서 만나기로 했는데 약속 시간이 지나도 어머니가 오질 않는다. 집에선 어머니가 벌써 나갔다고 한다. 겨우 어머니와 통화가 되었는데 용산역이라고 한다. 문득 용산역에서 만났던 일이 생각나셨던 모양이었다. 혜화동으로 돌아온 어머니와 식사하고 영화를 보았다. 어떤 영화를 보았는지 생각은 안 나지만 그래도 그때가 좋았다.

어느 날은 어머니와 혜화동에서 영화를 보고 마을버스 타는 것을 보고 집으로 왔다. 어머니는 나보고 먼저 가라고 한다. 당신은 집 근처인데 어련히 알아서 잘 타고 가겠냐는 것이다. 그래도 마을버스 올라타시는 것을 보고 집으로 향했다.

전철 안에서 졸면서 인천을 향해 가는데 동생에게서 전화가 왔다. 어머니와 언제 헤어졌냐, 어머니가 아직 안 왔다고 한다. 바로 어머니에게 전화하니 십수 번 만에 받는다. 지금 어디에 있는지 물으니 버스 안이라고 한다. 십 분이면 집에 가는데 아직 버스 안이라니. 동생과 올케 그리고 조카가 어머니를 찾으러 다니면서 초비상사태가 되었다.

집에 도착한 후 어머니가 별일없이 귀가하셨길 바라면서 동생에게 전화했다. 아직 어머니를 찾지 못했다고 한다. 한참 뒤에 동네 어귀에 앉아 있는 어머니를 조카가 발견해서 모시고 왔다고 한다. 상황은 다행히 그렇게 종료되었다.

그후부터 어머니와 데이트를 한 후 어머니 집 부근이라고 해도 어머니가 집 현관 안까지 들어가는 것을 보고 나와야 한다. 그래도 성당은 잘 다니고 계시니 참 다행이다. 그런데 시간이 지나면서 어머니의 실수가 많아지고 올케에게도 평소 하지 않던 행동을 하면서 힘들게 한다. 주변에서 '어머니가 이상하다.' '성당에서도 아무하고도 이야기하지 않고 멍하니 계신다.' '같은 옷을 너무 오래 입고 다닌다.' 등등 어머니의 눈에 띄는 행동들을 동생에게 전한다. 올케가 김치를 가득 담가 놓았는데, 어머니가 배추를 사와 김치를 담가 놓기도 했다고 한다. 아버지 제사에 쓰려고 사다 놓은 배를 깎아 드시거나 차례에 쓸 무를 썰어 무침을 만들어 곤란하게 한다.

어머니를 두고 직장에 다니는 동생 부부는 불안해졌다. 주전자, 냄비를 태우고 해서 집에 혼자 계시게 할 수가 없었다. 마침 집 부근에 노인 주간 보호센터가 있어 어머니를 그곳에 가시게 했다. 어머니를 노인 주간 보호소에 다니게 하는 일도 어려웠다고 한다. 그곳에 다니면 성당에도 못 다니고 노인학교에 못 다닌다며 싫다고 하였단다.

주간 보호센터 차가 집 앞까지 들어올 수가 없으니 어머니가 매일 같은 시간에 나가야 하는데 그 또한 쉬운 일이 아니다. 가끔 당신이 늘 하시던 대로 성당을 가거나 미리 예고도 없이 센터로 직접 가거나 해서 동생을 혼비백산하게 한다. 직장을 다니는 동생에게 이런저런 어머니 일로 센터에서 전화를 하니 그 심정 안 들어봐도 뻔하다. 형제 밴드를 묶었다. 밴드에 신호음이 울리면 '어머니에게 무슨 일이 생겼나.' 하는 생각부터 든다.

몇 주 전 연휴에 동생은 올케와 일이 있어서 나에게 어머니를 부탁했다. 어머니와 외식을 하고 목욕 그리고 미장원까지 풀코스로 서비스했다. 어머니의 모습이 몇 년은 젊어 보였다. 짜장면을 먹고 친정으로 오니 동생네 가족이 들어온다.

한 달에 한 번이라도 어머니와 미장원, 목욕탕, 식당을 순례해야겠다고 생각하면서 집으로 돌아왔다. 연휴를 우리 부부는 따로 지낼 수밖에 없었지만 그래도 친정어머니와 함께 있으니 좋았다. 그때가 좋았다.

정기 진료로 병원에 가실 날이 되었는데 갑자기 잘 걷지도 못해 결국 입원을 하셨다. 며칠 전부터 오른 체온이 떨어지지 않는다고 한다. 열이 내려야 검사를 할 수 있는데 당신이 자꾸 맞고 있는 링거 줄을 뺀다고 한다. 이모가 전화통화로 어머니에게 병원에서 치료 잘 받아야 빨리 퇴원한다고 달래니 당신은 지금 집에 있다고 말하더란다. 그래도 그때가 좋았다.

  어머니가 잘 걷지 못하고, 대화가 엉뚱하게 흘러도 얼굴을 보고 이야기할 수 있지 않은가. 만약에 어머니가 나와 같은 공간에서 이 공기를 함께 마시지 못하는 순간이 온다면 나는 이 순간을 생각하면서 '그때가 좋았어.'라고 하겠지.

  그 만약이 현실이 된 지 몇 년이 지났다. 어머니가 떠난 지 몇 년이 지난 지금 난 '그 때가 좋았었지.'라고 가끔 혼잣말을 한다.

– 2019. 07. 05

남루하지만, 그리운

▶1970년 명륜동 3가 1번지

 나의 고향은 꽃 피는 산골이 아닌, 명륜동 3가 산 1번지이다. "고향이 어디세요?" "서울 종로구 명륜동입니다." 돌아오는 말은 "좋은 동네에서 사셨네요." 한다. 그러면서 "말투를 듣고 충청도인 줄 알았어요." 한다. 내 어머니의 고향이 공주여서인가.

좋은 동네에서 살았다는 대목에서 나는 엄청 애매한 웃음을 지으며 화들짝 손사래를 친다. 그냥 지나가도 되련만 지나친 과잉반응이다. 그들이 내가 살던 곳을 확인할 것도 아니지 않은가. 좀더 친해지면 "사실은 말이야. 양반 동네가 아니고, 좀 더 위에서 살았어. 유학을 가르치는 '명륜동'이 있는 마을과는 별 관계가 없어."라고 말한다.

내 고향은 종로구 명륜동 산 1번지다. 6·25전쟁이 끝난 후 명륜동 1가, 2가, 3가 위 빈터 비탈길에는 각지에서 살 곳을 찾아 모여든 사람들이 마음대로 집을 지어 살았다. 그러다 어느덧 긴 시간이 지나 정부로부터 불하拂下받아 자신의 둥지를 만들었다. 그나마 그런 집에 여러 가구가 세를 들었다. 내 부모는 자녀 넷을 보고 다섯째를 만나기 한 해 전에 드디어 하산해서 진짜 명륜동 가까이 터를 잡았다.

초등학교 삼 학년이었다. 그때 태어난 동생 생일이 구월 초이니 초가을 아침이었을까. 학교에 가지 않고 심부름한 것으로 보면 등교 전 이른 아침이나 오후였으리라. 어머니는 "엄마가 배가 아프니 아버지보고 빨리 오시라고 해."라며 나를 아버지에게 보냈다. 성균관대학교 담 공터에 엉성한 가건물이 몇 채 늘어서 있었다. 그곳 중 한 곳이 아버지가 일하는 곳이었다. 아버지는 옷을 수선하기도 하고 손님들 요구에 옷을 만들어

주기도 했다. 고등학교 때 아버지가 만들어 준 하늘색 원피스를 입고 생활관으로 수련회를 간 것을 보면 잘못된 기억은 아닐 것이다.

하여간 아버지에게 어머니 부탁을 전달했겠지. 기억은 좀 가물거리는데, 그때 세 번째 동생, 즉 부모님에게는 넷째 딸이 태어났다. 당시 부모님 경제 상황이 엄청 어려웠는지 낭만적으로 지어진 내 이름에 비해서 그 동생은 '金완'이다. 진짜 명륜동과 가까운 동네로 슬슬 이사한 걸 보면 동생 이름이 맹탕은 아니었나 보다.

셋째 동생이 태어난 그 집은 삼청공원이 가까운 옥류정과 평지 중간쯤으로 비탈에 있는 집의 지붕이 보이고 동네를 굽어볼 수 있었다. 멀리 성균관대학교 하얀 건물이 보였다. 학교를 갔다 오면 그 부근 아이들은 비탈길 공터나 비탈에 모두 몰려나와서 놀았다. 군것질도 그다지 못했을 텐데 엄청나게 뛰어놀았던 것 같다. 아이들과 몰려 숲으로 올라 가 버찌를 따 먹고 아까시꽃을 먹고 이름 모를 풀들을 가지고 장난하면서 이리저리 몰려다녔다. 어스름해지기 전에는 동네로 내려와야 했다.

언젠가는 아이들과 숲에서 놀다가 다른 곳에서 놀던 아이들의 비명을 듣고 모두 그리고 몰려갔다. 그곳에서 보지 않아야 할 것을 본 것이다. 지금은 그런 사실, 그런 상황만 생각나지 무섭단 생각은 하지 않지만 그 사건을 본 그 후로 몇십 년 동안은 그 잔상이 남아 있었다. 숲속의 우람한 나무, 높은 가지에 어떤 아저씨가 매달려 있고 나무 밑둥 곁에는 운동화와 가방이 가지런히 놓여 있었다. 어른이 되어도 가끔 그 일이 떠오르면 무서웠다. 부근 학교 학생이었다는 후문을 들었다. 얼마나 힘들었을까. 어떤 사연으로 그런 결정을 했을까.

숲에서 빠져나와 다다닥 뛰어나오면 동네가 나온다. 게서 바로 집에 들어가지 않고 뒤풀이를 했다. 자치기, 딱지치기, 새끼줄 줄넘기, 고무줄놀이, 공기놀이, 땅따먹기 등이었다. 하지만 구슬치기를 한 기억은 없다.

자하문 밖으로 능금을 사러 갔던 일도 기억난다. 어머니와 동네 아주머니와 아이들과 걸어갔을 것이다. 능금 맛은 기억에 없지만 걷고 걸어서 자하문 밖 능금을 일부러 사러 갔던 기억은 남아 있다. 지도를 검색해 보니 어찌 걸어갔는지 믿기지 않는다. 추측건대 삼청공원을 지나 북악산 길을 걸어 능금을 사러 갔을 것이다. 어른들은 아마 걸을 만한 나이의 아이들을 데리고 갔겠지.

높은 곳에서 살다 보니 노을을 볼 수가 있었다. 날이 어둑해지면 밥 냄새 찌개 냄새가 골목골목 사이로 퍼졌다. 그러면 어머니들이 자기 아이를 부르는 소리가 들리기 시작했다. "OO

야, 밥 먹어!" 빨리 안 들어가면 어머니들 목소리는 더 커졌다. 하늘은 불그레 물들기 시작하고 급기야는 저만치 불타는 붉은 하늘에 검정색이 스며들기 시작한다. 그러면 가슴이 뭉클하고 눈물도 쪼금 났다. 열 살 난 아이의 내면에 본능적으로 '사는 게 다 그렇지.' 하는 근원적인 허무감이 무의식적으로 똬리를 틀었다.

몇 번의 이사를 했는지 아무튼 2019년 현재 남동생이 살고 있는 집으로 1965년에 이사했다. 처음에는 수돗가를 중심으로 네 가구나 다섯 가구가 살았다. 부침개를 하면 자기들만 먹을 수가 없는 열린 공간이었다. 고구마를 쪄먹어도 자기 가족 먹을 것과 함께 서너 집에 몇 개라도 나눌 수 있는 정도는 준비해야 했다.

다음해 늦봄 초등학교 6학년인가, 나는 다른 형제들과 안방 밖에서 서성거렸다. 외할머니가 아버지에게 "딸이야.'" 했다. 어머니가 출산한 것이었다. 출산하면서 소리를 안 낼 수 없을 텐데 여러 가구가 사는 곳이니 어머니는 비명을 속으로 삼켰을까. 아들에 대한 강박증이 육 학년 어린이에게도 있었는가. 나도 아들이면 좋을 텐데 생각하던 차에 외할머니의 "아들이야." 하는 기쁜 목소리가 들려왔다. 아들이 탄생한 것을 너무 좋아하는 티를 내면 동티난다고 처음에는 딸이라고 실망하게 한다나 뭐라나.

　그 집에서 태어난 아들, 나의 네 번째 막냇동생이 지금까지 반백 년이 넘도록 나의 고향을 지키고 있다. 나는 부모님들이 어렵게 얻은 아들과 딸을 차별하지 않았다고 생각한다. 남자 동생을 위해 나와 큰동생에게 고등학교 졸업하고 취업하라고 한 적도 없고, 딸이라고 집안일을 강제로 시킨 기억도 없다. 같은 상황이었을 텐데 그 남동생 바로 위 여동생은 우리와 입장이 달랐다.

　양성평등을 강조하는 21세기에 "당시에도 우리 부모님은 차

▶ 옥류정-삼청공원을 지날 때면 들르게 되는 곳이다. 몇 년 전 떠난 어머니는 새벽 미사 보고 부러 친구들과 삶은 달걀 두 개와 믹스커피를 마시고 친구들과 노느라 들르던 곳이기도 하다.

별을 하지 않았어. 그치?"라고 하면 그 동생은 평소의 순한 성정과 달리 그냥 넘어가지 않는다. 남동생이 원하는 것은 사주였지만 자기가 분홍색 구두를 사 달라고 졸랐는데 다음에 사준다고 하곤 결국 사주지 않았다고 한다. 셋째 동생은 그 외 차별받았던 기억을 몇 가지 떠올린다. 같은 공간에 같이 있었지만 기억의 무게와 색깔은 각각 다른 모양이다. 그러고 보면 옛 사진에 막내 남동생을 안고 있는 아버지의 사진이 몇 장 있다.

한여름 남동생이 돌을 갓 넘긴 때였다. 같은 울안에 사는 누군가가 자기 아이 목욕시킨다고 끓인 물을 식힌다고 마당에 내놓았다. 겨우 걷기 시작한 동생이 넘어지면서 그만 그 물을 뒤집어썼다. 김이 한소끔 나간 뒤지만 그래도 물 온도가 팔십 도쯤 되지 않았을까. 동생를 바로 병원으로 데려가 온몸을 화상 거즈로 감싸서 귀가했다.

늦은 저녁, 아버지는 귀가해서 붕대를 뒤집어쓴 동생을 보더니 소리도 없이 화도 내지 못하고 그냥 나가셨다. 지금은 엄마를 위로하고 같이 고통을 겪어야지, 그냥 화난다고 나가버리는가도 생각하겠지만, 그때는 아이들이 다치거나 집안이 어지러우면 가장이 부인에게 큰소리 내는 시절이었기 때문에, 우리 아버지는 조용히 나간 상황만으로도 멋진 아버지라고 생각해

왔다

 그 사고 때문인지 셋째와 넷째 동생이 다치면 나와 큰동생은 마루 구석에서 무릎 꿇고 손을 들고 벌을 받았다. 아래 두 동생이 다치는 날은 귀가하는 아버지 눈치를 보면서 마음 졸였지만, 결국 팔을 번쩍 들고 있어야만 했던 기억이 몇 번 있다.

 당시 텔레비전이 있는 집은 그들의 소유가 아닌 모두의 텔레비전이었다. 같은 울안에 사는 ㅈ네 방에 그것도 달랑 한 개 있는 방에 울안 사람들은 다 가서 드라마를 봤다. 개방형 화장실처럼 그들의 텔레비전을 개방할 의무가 있었던 것처럼 저녁 식사가 끝나면 자연스럽게 울안 서너 세대의 아이들은 오늘의 내용이 궁금해서 슬금슬금 그 방으로 갔다. 눈치도 전혀 본 것 같지 않은 거 보면 ㅈ 엄마도 이웃에게 전혀 눈치를 주지 않았던 것 같다. ㅈ 어머니가 대인이 아니었나 싶다. 지금 정서로는 전혀 이해가 되질 않는 상황이리라.

 추석 전날, 친구 집에서 밤늦도록 놀다가 집으로 가는 길이었다. 쟁반만 한 달이 길을 비추었다. 신선놀음에 도낏자루 썩는 줄 모른다고 꼬마들이 무엇을 하고 노느라 시간이 그리된 줄도 모르고 놀았다. 그 집 어른들은 아이들을 집에 보낼 생각도 못할 정도로 바빴고, 나의 아버지는 언제나 오나 혼낼 생각으로 벼르고 있었다. 집으로 들어오니 다짜고짜 "열 대 맞을래, 집을 나갈래." 한다. 집을 나갈 수 없으니 맞겠다고 했다. 회초리로 맞을 때마다 숫자를 세라고 하셨으니 좀 잔인하지 않았나 싶다. "하나, 둘, 셋 …."

길가 다락방 만화방에서 만화책을 잔뜩 싸놓고 행복해하면서 어른이 되면 만화방 주인이 되겠다는 꿈도 꾸면서 초등학교(초등학교) 시절이 지나갔다. 나는 중학교 입학시험 마지막 세대다. 골목을 걸어 나와 또 큰길을 십오 분 가량 걸어 내려가서 전차를 타고 중학교를 다녔다. 드디어 나의 활동 반경은 명륜동 3가 1번지에서 돈암동으로 확장되기 시작했다. 그다음 해 1968년 전차 운행은 아쉽게도 종료되었다.

나의 고향은 꽃 피는 산골이 아닌 골목골목 가난한 대문 앞에 연탄재가 쌓여 있는, 어스름해질 때까지 골목에 모든 아이들이 나와 놀던 곳, 대여섯 되는 형제들이 초등학교 동문인 그런 곳, 이웃집 저녁 반찬이 무엇인지 다 아는 곳, 술 한잔으로 거나해진 아버지가 어두운 골목에서 마음대로 콘서트하던 곳. 내 유년 시절의 꿈이 자라나던 그리운 곳. 명륜동 산 1번지가 내 고향이다.

― 《에세이포레》 겨울, 2019년

어머니의 나들이

겨울의 끝, 잿빛 하늘이다. 모처럼 어머니가 긴 나들이를 시작하는 날이다. 어머니는 몇 달 예정으로 막내딸이 있는 영국을 여행하기로 했다. 자신만을 위한 진정한 나들이는 이번이 처음이리라.

공항 출구 앞에 모였다. 어머니는 우리를 뒤로하고 출구로 조용히 들어갔다. 설렘과 두려움을 감추고 천천히 걸어간다. 출국장 문이 닫힌다. 그리고 그만이다. 공항식당에서 간단한 요기를 하고 제 갈 길로 흩어졌다.

꿈을 떠올리듯 문득 어머니가 나들이했던 때를 떠올린다. 평범한 주부의 나들이가 흔치 않던 시절이다. 많은 자식을 키우다 보면 나들이를 할 수 없던 때이기도 했다. 그러던 분이 갑작스런 남편의 죽음으로 그간 누리던 편안함에서 밀려 나들이를 시작한 것이다. 왕복 다섯 시간이나 걸리는 곳을 매일 다녀야 했다.

낯선 거리를 다니면서 익숙지 못한 일을 해야 했다. 당시의 어려움을 상상도 할 수 없다. 그 일들은 미리 예고된 것도 아니었고, 차분하게 인수인계 받은 것도 아니었다. 단지 남편이 남긴 장부책만 달랑 있을 뿐이었다.

그즈음 어머니는 코피를 쏟지 않은 날이 없었다. 잠을 이루지 못한 듯 새벽에 부석부석한 얼굴로 아침을 준비하는 모습을 자주 봐야 했다. 어느 날인가는 그 나들이가 익숙지 못해서인지 날카로운 칼로 가방을 찢긴 채 돌아온 날도 있다. 그 날의 수입과 원금까지 몽땅 잃고 망연자실 서 있는 모습은 차마 볼 수가 없었다. 또 거래처가 끊긴 날은 어떠했는지.

발에 맞지 않는 새 구두는 처음엔 발에 상처를 낸다. 그래도 어쩔 수 없이 신다 보면 그 상처가 아물고 굳은살이 생긴다. 어머니도 어느 정도 시간이 지나자 힘들어하는 모습을 볼 수 없었다. 우리에겐 나들이하는 기분으로 다닌다고 할 정도로 익숙해진 듯했다. 그렇다고 문제가 사라진 건 아닌가 보다. 그즈음 어머니는 감정을 가진 인간이거나 여자여선 안 되었다. 단지 어머니의 역할만을 강요받은 것처럼 보였다. 고통과 외로움, 그리고 불확실한 미래에 대한 두려움조차 느끼면 안 되었다. 우리 남매들은 할 수 있는 게 아무것도 없었고 어머니의 고통을 알려고 하지도 않았다. 알았다고 한들 달라질 것이 뭐가 있을까.

무채색의 어머니가 떠오른다. 담담하고 평온하다 못해서 무표정한 모습이 그려진다. 하지만 그 색 없음에 가려진 고운 빛깔들을 누가 알 수 있을까. 끝도 없이 깊기만 한 그분의 가슴에 서러움이 둥둥 떠 있을 것만 같다.

밝은 빛 아래서 나는 내 가족과 차를 마시면서 있을 때 어머니는 고달픈 하루를 묻고 지친 모습으로 잠들어 있겠지. 혼자 빛을 뿜으면서 지직거리는 텔레비전은 누가 꺼주며 내려온 이불깃은 누가 여며줄까. 어깨에 짊어진 삶의 무게는 각자 다르지만 서로가 어찌해 줄 수가 없는 것이 있다는 무력감에 진저리가 난다.

여자들에게 어머니의 의무를 지우는 듯한 "여자는 약하지만 어머니는 강하다."는 말에 어머니를 생각한다. 안락한 일상에서 내몰린 그분은 도리어 다섯 남매의 든든한 울타리가 될 수밖에 없었다. 지금은 그 울타리를 나와서 각자의 울타리를 만들어가고 있다. 우리를 지킨 울타리는 이제 비바람에 삭아서 구멍이 나고 애처로운 모양새다. 그래도 끝까지 우리의 울타리로 남아 있으려 하시겠지. 주저함 없이 자식들의 바람막이와 그늘이 되어주는 어머니들이 존재하는 한 이 세상은 살 만한 곳이 될 것이다.

절제된 사랑과 강한 책임감으로 올곧은 인간으로 키우는

일은 쉬운 일이 아니다. 나를 포함한 요즘 엄마들에게서는 그런 어머니의 모습은 얼마나 찾을 수 있을까. 강한 어머니이기보다는 약한 여자이고 싶어 안달하는 듯하다. 나부터 자기 발전이니 자아발견이라는 미명하에 자신의 희생을 조금도 하고 싶지 않다는 생각이 없다고 말을 못한다. 부모가 역할을 제대로 하지 않아 불행한 아이들의 소식을 접하고 보면 보통 아버지보다 어머니 탓을 하는 세태에 불만이 있지만 그만큼 자녀에게는 어머니의 울타리가 절대적으로 필요하다는 뜻이리라.

넓고도 쾌적한 푸른 공원을 산책하고 있을 어머니를 떠올린다. 지금 무슨 생각을 하고 있을까. 모처럼 맛보는 평화로움에 떨릴 만큼 행복해하실까. 곁에 없는 남편을 추억하면서 가슴 아파하실까. 아니면 이 모든 것들이 다 내 몫의 삶이라고 담담하게 껴안을지도 모를 일이다.

한 달 후면 어머니를 만날 것이다. 지금쯤 영국 맛이 풍길 듯한 할머니의 모습을 상상한다. 연초록과 화려한 장미가 가득한 초여름이 그분을 환영하겠지. 화려한 은퇴식도 없이 긴 나들이의 시작으로 조용히 일터에서 물러난 어머니께 깊은 사랑과 감사를 보낸다. 환한 웃음으로 그 긴 세월의 시름을 잠재우고 평화로운 삶을 누리길 기도한다.

-《경인문학》, 1994년

쇠죽 끓이셨어요

 우리는 많은 말을 하면서 살아간다. 듣는 이의 마음을 푸근하게 하는 말, 절망 한가운데에서 허우적거릴 때 구원의 손길과 같은 말이 있다. 반면에 소리뿐인 의미 없는 말이나 듣는 이의 가슴을 멍들게 하는 말도 있다
 "아버지 쇠죽 끓이셨어요?"
 S가 친정에 전화할 때마다 빠뜨리지 않고 하는 인사말이다. 칠순이 넘으신 친정아버지가 그날 새벽에 소 밥을 주셨다면 별일 없고 무탈하다는 뜻이니 마음이 놓인단다.
 이 말을 듣는 나는 문득 가슴이 괜스레 울컥한다. 코끝까지 찡해진다. 따스한 여운이 나를 감싼다. 진정 아름다운 말은 이런 말이리라. 멀리서 들리는 묵직한 기적 소리에 눈물 고이며 향수에 젖는 그런 순간이었다.

쇠죽을 끓이는 일을 내 손으로 직접 해보거나 곁에서 본 일이 없다. 하지만 조그만 노인이 (S의 표현이다) 동이 트기 전에 일어나서 소들에게 먹일 것을 준비하는 모습이 눈앞에 그려지고 있다. 소 등을 투박한 손으로 쓸어주면서 다정한 아침 인사를 건네는 정경이 보인다. 딸의 구수한 된장국 맛과도 같은 안부를 생각하면서 그의 아버지는 흐뭇한 미소를 지을지도 모른다. 어떤 값비싼 선물이나 세련된 인사말보다 딸의 그 한마디 안부에 쌀쌀한 새벽이 훈훈해지고 환한 미소로 소를 바라보고 있는 모습을 그려진다.

허울 좋은 미사여구가 어지러운 요즘 답답하던 귀가 시원스레 뚫리는 정감스러운 말, 중얼거려 본다. 그녀의 아버지는 요즘 들어 무척 왜소해지고 감기몸살로 한번 누우면 회복되기 무척 힘들어 한단다.

"우리 아버지는 매일 쇠죽을 끓이셔야 살아계신 거야. 이제 누우시면 큰일이야."

그녀의 얼굴에 얼핏 어두운 그늘이 스친다.

그 시절 그런 집안이 많았겠지만, 그녀가 어렸을 때 기복이 심한 아버지의 사업으로 가족들이 많이 고생했다고 한다. 아버지에 대한 원망이 대단했던 것 같다. 지금 두 아이의 엄마가 되어서 그때 아버지가 자식들 끼니 해결에 얼마나 마음 졸이고 애를 태웠을까 생각하면 가슴이 아프다고 했다. 이렇게 아버지를 진심으로 아끼고 걱정을 하니 절로 따뜻한 말이 샘솟나 보다.

글처럼 말도 어렵게 한다고 해서 가치가 높아지거나 의미 전달이 더 잘되는 것은 아니리라. 갖은 재료와 양념으로 버무린 김치도 설익은 것은 먹기 괴롭다. 아주 간단한 양념으로 만든 김치도 적당한 시간이 되면 담백하고 맛난 김치로 변신한다. 화려하고 어려운 단어로 모자이크하듯 나열한 말은 듣는 순간은 화려해 보이고 혹할 수는 있으나 시간이 좀 지나면 많은 양념을 넣은 설익은 김치와 같이 실망스럽다.

우월함을 증명하려고 가시 돋친 말을 하거나 혀에 익지도 않은 전문적인 낱말이나 현학적인 말을 하지만 자신의 우월함과 전문성을 드러내기보다는 상대의 심장을 할퀼 수도 있고 자신의 어리석음만 드러낼 뿐이다.

자신의 삶을 진솔하게 꾸려가는 이들은 쉽고도 편한 말로 상대의 가슴을 울리게 하며 현인의 명언과 같은 삶의 철학이 스며있다. 가까운 이들을 진심으로 사랑하고 긍정적인 마음으로 살아가는 동안 절로 고이는 삶의 진수 아닐까.

"아버지, 오늘 새벽에 쇠죽 끓이셨어요?" 혼자 중얼거려 본다. 이 세상에 계시진 않는, 쇠죽은 끓여 본 일이 없었던 나의 친정아버지께 나는 나의 따뜻한 안부를 어떻게 전할거나.

-《제물포수필》25집, 1994년

장모님 무릎 괜찮으세요

왜 저런 광고가 눈에 들어올까. 내가 장모님이라면 아무런 느낌 없이 지나치지 않았을까. 눈에 들어오고 마음에 남아 있으면 그것에 대한 결핍이라고 누가 말했다. 신생아집중치료실에 입원해 있는 손녀를 면회하려는 며느리를 병원에 데려다주느라 길을 나섰다. 정차 중 지나가는 버스에 붙어있는 광고가 재미있다. "장모님! 무릎은 괜찮으세요?" 재미있다고 말하는 건 문맥상 집어넣은 말이고 사실 재미없다. 심술이 난다.

며칠 전, 같이 활동하는 동료가 나의 아들을 결혼 시킬 즈음에 한 말이 생각났다고 한다. 최근에 그녀는 아들은 유학이 결정되자 여자 친구와 급하게 결혼을 하게 되었다. 나의 아들이 결혼할 즈음에 나에게 "아들 결혼하게 되어서 좋지요?"라는 물음에 "당연히 '좋아요'라고 말은 하지만 사실은 서운하고 울고싶다."고 했다. 동료는 그런 내가 별나다고 생각했단다. 그러던 그녀가 막상 아들을 결혼시키니 내가 왜 그런 말을 했는지 알게 되었다나.

요즘은 딸을 결혼시키는 부모의 눈물보다 아들을 보내는 어머니의 서운한 표정을 볼 수 있다. 역시나 그 날 아름다운 그녀는 멋진 아들 결혼식 날 표정이 밝은 것만은 아니었다. 나의 색안경 탓일 수도 있지만 주변에 같이 온 동료들도 "○○ 샘 표정이 우울해 보여."라고 한다.

'가족이 모이는 곳 거실에서 주방'이라는 제목의 칼럼에서 거실에서 채널권을 행사하던 무소불위 아버지의 권력이, 아주 오래전 인류가 불(火)가로 모였던 것처럼 주방의 어머니에게로 흐르고 있다고 한다. 가족의 중심이 거실에서 주방으로 이동하고 있으며 그 가운데 '엄마'가 있다고 썼다. 한편의 편안함과 즐거움이 다른 이의 고통과 통제로 나오는 일은 없어야 한다. 그럼에도 가끔은 그 전근대적인 관습을 버리지 못하는 나를 본다.

주변에 딸과 가까이 사는 친구들이 많다. 전에는 아들네와 근접한 곳에 사는 이들이 많다면 요즘은 딸과 같은 아파트에 살거나 가까운 곳에 소위 말하는 '수프가 식지 않을 거리'에 사는 이들이 많다.

과거에는 사위가 백년손님이라고 하며 '씨암탉' 운운하는 말도 있었다. 그 시절과 달리 딸과 가까이 살면서 사위에게 잔소리하고 사위가 귀찮다고 하는 친구들 이야기도 듣게 된다. 로버트 드니로가 출연한 장인과 사위의 갈등을 그린 영화 〈미트 패어런츠〉를 보면서 영화일 뿐이지 우리와 상관없는 일이라고 했는데 이제 그런 것만도 아니다. 사위에게 잘 보이려고 애쓰던 일이 역전이 되어 '장모님 무릎'을 걱정하게 된 것이다. '전자상품광고' '보험 광고' 등에서 장인 장모님 걱정을 많이 한다. 우리의 사위들이.

예전에도 이런 움직임은 보였다. 나 또한 친정어머니를 모시고 가끔 여행을 하곤 했다. 휴게소에 들르면 그곳에 가족과 함께 온 어른은 대부분 장인장모였다. 일일이 물어본 것은 아니지만 자연스럽게 서로 부르는 호칭을 들으니 그렇다는 것이다. 자녀를 결혼시키는 나이가 된 이즈음엔 자식과 여행을 하게 될 경우 아들네보다 딸과 여행을 하는 친구들이 더 많다.

친가를 챙기는 것이 당연하다고 여기던 때, 상상할 수 없는 고부간의 수직적인 폭력이 존재했던 시절도 있었다.

어떤 소설가는 글에서, 시어머니가 비린 것은 절대 입에 안 댄다고 한다. 나중에 이유를 알고 보니 시어머니가 새댁일 때 달걀이 없어졌다고 시어머니가 의심하고 며칠 밥을 안 줬단다.

그 후 자신의 결백을 증명하느라 고기나 생선 종류는 입에도 대지 않았단다. '소쩍새' 전설이 전설만은 아니었겠구나 하는 순간이었다. 이런 시대에 태어나지 않은 것이 다행이라고 종종 생각한다.

과거 친가를 우선 순위에 놓는 시절이었다. 또 사위들은 대접은 받아도 내놓고 장모님을 챙기지 않았다. 별로 오래되지 않은 이야기다. D시에 사는 친척은 장인상을 당했는데 자기 형제들인 누나와 형에게 연락을 하지 않았다. 그 사실을 알고 형제들은 자기 동생에게 형제를 예의도 없는 사람으로 만든다고 엄청나게 비난을 했다고 한다. 그는 처가 일로 자기 형제를 멀리서 문상 오게 하는 게 더 실례라고 생각했던 것이다. 그 일로 그 친척은 아내에게 지금까지 원망을 듣고 있다.

어느 친구는 아들네에게 갔더니 아들이 손주를 등에 업고 설거지하고 있는 모습에 시쳇말로 열이 확 나더란다. "니 안사람은 뭐하고?" 하니 아들이 입에 검지를 대로는 "쉿!" 하며 "야근하고 와서 잠자." 그 말에 더 화가 나더란다. 그러면서 바로 반성 모드로 전환, '하긴 내 딸이 잠자고 사위가 아기보고 설거지하면 좋은 사위네 하겠지?'

긴 시간 사회 변화와 기술의 발전에 따라 변하지 않는 것은 없다. 좋은 방향이든 아니든 문화는 살아 움직인다. 변화의 흐름에 따라가는 것이 좋은 것도 있고 힘든 것도 있다. 남녀 권리가 같아야 된다고 침을 튀기면서도 은근히 '친가 먼저'에 기울어지는 이 불합리함을 어떻게 설명할 수 있을까. 나의 양가감정이 부끄럽다. 이런 갈등이 갈등으로 느끼지 않으려면 많은 시간이 흘러야 할 것이다. 의식이 바뀌려면 한 세대나 한 세대 반이 지나야 된다고 한다.

   내일 손녀가 퇴원해서 저희 집으로 간다는데 아들에게서 전화가 없다. 카톡으로 내일 어떻게 할 건가 물으니 한참 후에 "처가에 들러 처와 함께 병원에 가서 딸을 퇴원시켜 자기 집으로 가요." 답이 온다. 나도 역시 그간 약자였던 딸이고 여자이고 어미임에도 시어미 그 틀에 걸려있다.

   "장모님 무릎 괜찮으세요."라는 카피가 언제 저렇게 바뀌었는지? "왜, 장모님만~." 항의 댓글이 폭주했는가. 내 심술을 눈치챈 것처럼 차창 밖으로 보이는 버스 측면에 "부모님! 요즘은 건강하세요?" 광고판이 지나가고 있다.

- 2017. 05. 31.

새로운 도전

  목이 따갑다. 한 시간 남짓 노래를 불렀다. 반주의 그 큰 소리를 능가하려면 내 능력으로 역부족인지라 마구 생목소리를 내야 한다. 잘되지 않던 부분이 좀 넘어가는 듯하다. 요즘 들어 밖에서 식사하고 나면 노래방으로 가는 새삼스런 버릇이 생겼다.

  저번 목요일인가, 며칠 잘 넘기더니 계양IC 부근이라면서 남편이 '오늘 잘 지냈냐.'고 안부를 묻는다. 퇴근하면서 이렇게 생뚱맞게 안부 전화를 하는 날은 한잔하고 싶다는 표시다. 짐작대로 집 앞이라고 다시 전화를 하면서 오늘은 밖에서 저녁을 먹자고 한다. 좀 순한 소맥(이런 것도 요즘 새로 생긴 변화)을 곁들여 식사 삼아 고기를 구워 먹고 일어났다.

  식당을 나오더니 노래방을 가자고 한다. 우리끼리 무슨 노래방이냐고 피식 웃었다. 나뿐 아니라 그 또한 모임에서도 노래방 가는 것을 즐겨하지 않았는데 별스런 일이다. 모처럼의 제안을 거절하기가 쉽지 않아서 식당 건너 눈에 띄는 노래방에 들어갔다. 우리는 노래방에서 부를 수 있는 노래라야 몇 곡 되지 않는다. 그는 전공이 전공이니만치 노래를 정확하게 부르긴 하지만 부를 수 있는 곡목 수는 나와 별반 다를 것 없다.

"우리 노래방은 도우미를 절대로 부르지 않습니다."라는 노래방 입구에 있는 문구가 재미있다. 반 시간만 하겠다고 이야기하고 캔맥주도 부탁하고 들어갔다. 부르고 싶은 노래가 딱히 있었던 것이 아니어서 잠시 머뭇거리며 시간을 보냈다. 좀 어색했다. 그래도 돈을 내고 들어온 건데 싶어 우선 그가 잘 부르는 노래를 고르고 내가 부를 번호도 눌렀다.

삼십 분도 채우지 못할 것이란 생각과는 달리 한 시간이 빨리도 지나갔다. 노래방 주인이 우리의 노래 예약을 모니터하는지 시간이 다되어 예약한 노래를 다 부를 수 없겠다 싶으면 십 분 씩 더 넣어 주어 나중엔 배보다 배꼽이 커졌다.

처음 시작이 어렵지 이젠 밖에서 저녁 식사를 하고 나면 자연스럽게 노래방으로 향한다. 우리 부부만 노래방에 가는 것이 좀 우습지만 나쁠 것도 없긴 하다. 남의 눈치 볼 것 없이 부르고 싶었던 노래를 부르는 재미도 만만치 않다. 다른 이들이 없다는 편한함 때문인지 잘 모르는 노래도 반주에 맞추어 목청을 돋우며 노래를 부른다. 좋아하는 노래인데 여러 사람들 앞에서 자신이 없어 부르지 못했던 것들을 몇 번이고 불러보기도 한다. 그 목소리가 어디 가겠냐만 그래서 연습은 역시 좋은 것이다.

  일전에 시집 형제들과 노래방에 갔었다. 반주가 나올 때 남편이 내 목소리에 맞춘다고 키를 '여'로 눌렀다. 달라진 키로 난 꺽꺽거리다가 엉망이 되어 무안해진 김에 주변 사람들 생각도 할 겨를 없이 그에게, 왜 남의 노래에 함부로 기계를 만지냐고 마구 화를 내, 형제들을 당황하게 만들었다. 두고두고 낯 뜨거운 일이 있었다. 그러던 것이 몇 번의 노래방 출입으로 내 수준에 맞게 음높이도 내리고 올리고 하면서 부를 수 있다는 것이 기특하다. 변변치 못한 목소리지만 내 목소리에 맞게 반복해서 부르니 자연스럽게 할 수 있게 되니 즐겁다. 음악에 맞춰 흔들고 맘껏 소리를 지르다 보면 껄끄러운 일들이 음식들과 함께 소화가 되어 버린다.

  지금까지 몇 곡 안 되는 것으로 부르느라 듣는 이들보다 내가 더 괴로웠다. 각기 다른 모임에서야 등장인물이 다르니 같은 노래를 계속 부른다고 해도 바뀌는 관객이야 알 리 없겠지만 같은 구성원들과는 몇 번 가다 보면 이들 앞에서 그때마다

새로운 도전 · 145

같은 노래를 계속 불러야 하니 목소리가 좋다면 몰라도 얼굴에 철판을 깔지 않는 한 곤혹스런 일이다. 누가 뭐라고 하는 것도 아닌데 부르다가도 괜히 무안해서 취소를 눌러버린다.

그는 마이크를 쥐면서 "한 번도 불러보지 못한 노랜데…." 한다. 새로운 레퍼토리를 개발하고 있다. 그도 회식 후 공식처럼 가게 되는 그곳에서 미루어 짐작하는데 〈향수〉, 〈칠갑산〉, 〈희나리〉 등 세 곡 정도를 그때마다 불렀을 것이다. 그러니 매번 부르는 자신의 노래에 싫증이 났을 것이다.

이제는 우리의 레퍼토리가 세 곡에서 대여섯 곡 정도가 되었다. 당분간 우리의 관객들이 지루하지 않을 것이다. 다시 새로운 곡에 도전을 해봐야겠다. 다음 친목회 때 이들을 깜짝 놀라게 해줘야지, 하는 가당치 않은 꿈도 꾸어본다. 노랫말이 이렇게 이쁘고 좋은 것이 많은데 직접 부를 수 있으면 더 좋지 않겠는가. 이래서 요즘은 사는 게 조금은 즐겁다.

- 2004. 04. 09.

집으로

〈집으로〉 보았니. 요즘 그 영화 인기가 있나 봐. 오늘 뉴스에서도 그 영화에 관련된 이야기를 하더라. 충북 영동이 촬영지라고 해. 그 지역 주민들이 영화 출연진이라며. 마을 주민 위안 잔치를 했다고 해. 영화 속에서 초코파이를 주인공인 할머니에게 주던 그 할머니도 나왔대. 그 할머니 딸들이 '엄마도 주인공을 하시지 그랬어요.' 농을 했다네. 어디를 가든 그 영화 이야기야.

누군가는 영화를 보고 나오면서 '이번 휴가는 꼭 부모님과 있어야지.' 하는 말도 하더라나. 가족의 따뜻함, 고향, 기다림. 향수 등등. 화려하고 요란한 영화가 판을 치는 이때 〈집으로〉는 기분 좋게 울 수 있는, 상상하는 고향의 그리움을 느끼게 하는 영화였나 봐.

상담기법 강의를 들을 기회가 있었어. 강사도 그 영화를 보았냐면서 느낌도 묻더라. 어지러운 때 마음을 푸근하게 하는 영화라고 답을 했어. 어떤 이는 초등학교 삼 학년 아들과 옥신각신했다고 해. 왜 할머니가 버스를 타지 않고 걸어왔는지 이해를 못하더래. 설명을 해주어도 막무가내로 모르겠다고 했대. 그 강사가 강의 중 왜 그 영화를 꺼냈는지 생각은 안 나는데 보지 못한 분은 보라고 하더라.

요새 우리는 둘만 있잖아. 아들은 군대 갔지. 남들이 우리보고 신혼이라고 놀리더라. 다정한 때는 남편하고 저녁에 한잔할 때뿐이야. 보통 각자 자기 책을 보거나 컴퓨터 들여다보느라 몇 시간 동안 말 한마디도 하지 않아. 정말 '먹자', '자자' 빼고 할말이 없더라. 남편과 오랜만에 영화를 보기로 했지. 할인카드도 있기도 했고 예매를 했지.

영화 보기로 한 날, 그는 아침에 테니스를 치러 갔어. 점심때 온다던 사람이 나타나지 않는 거야. 영화 볼 시간이야 저녁이지만 지금까지 소식이 없다면 식사하면서 한잔할 수도 있으니. 그렇다면 예매 취소를 해야겠다 싶어 남편에게 전화를 했지. 역시 그 친구가 점심을 먹자고 했다는 거야.

"점심식사하면 그냥 밥만 먹게 되나?"라고 한 말에 놀란 것처럼 잠시 후 남편은 나타났어. 늦은 점심을 하고 났는데 표정이 밝지가 않아. 소파에서 잠이 든 남편을 깨웠어. 그때부터 선잠 깬 아이 같더라. 본인은 부정하지만 내 느낌이 그랬어.

영화관이 붐비더라. 평일에 왔어야 했는데 후회가 된다. 예매 번호를 치는데 삼 자인지 팔 자인지 어두워서 잘 보이지 않아. 영화관 로비는 너무 어두워. 남편에게 물으니 그것도 확인하지 않고 왔냐고 핀잔 주더군. 남이 그렇게 쩔쩔매고 있어도 도와주는 게 정상 아니냐.

음악은 시끄럽게 나오지, 사람들 많지, 그는 맘에 하나도 들지 않는 듯하더라. 시간은 다 되어가는데 영화관에 입장할 수 없고, 로비에 빈자리가 없어서 서 있어야 했어. "여기서 우리가 제일 나이가 많을 거야." 한마디하더라. 나도 이제 슬슬 기분이 나빠지기 시작했으니 그냥 넘어갔겠어. "그래, 저 사람들 민증 확인해 봐." 뾰족하게 말은 했으나 우리보다 더 나이 든 사람이 별로 눈에 띄질 않더라. 영화관에 나이가 무슨 상관이람.

시간도 안 가고 팝콘 냄새가 구수하기도 해서 긴 줄에 가서 섰어. 연애할 때도 차례를 기다리면서까지 팝콘을 사다 준 적이 없으니 이 상황에 그걸 바란다는 것은 하늘에 별을 따다 달라는 것과 같아. 너무 심한 말을 하는 것 같아?

그래도 불편한 심기와는 달리 팝콘은 열심히 집더군. 그나마 다행이지. 봉지를 털어 한 알도 남기지 않을 정도였어. 영화가

집으로 · 149

시작된다. 주인공 상호 그 어린아이가 할머니에게 '벼엉신, 벙어리'라고 할 때 너무 적나라해서 (야한 장면같이) 그의 눈치를 보았어. '이런 걸 보러 가자고 했나.'고 할 것 같더라. 그 대사가 반전을 노리는 과장된 장치인 줄은 알지만 신경이 쓰이는 거야.

영화가 끝나고 집으로 왔어. 심통 부리는 아이에게 콜라 한 병 안기듯 시원한 맥주 어떠냐고 했지. 늦은 식사 겸 먹는 맥주와 치킨은 맛은 있었어. 그래도 영화 이야기는 하기 싫더라. 남편도 물론 오늘 본 영화 이야기는 안 하더군.

가족의 중요성을 일깨워주고, 영원한 마음의 고향을 느끼게 하는 등의 평이 쏟아지고 전국 백팔십오만 관객이 눈물을 쏟았다는 영화 〈집으로〉는 나도 울 뻔했어. 부부 싸움하다가 화가 나면 울기밖에 더해. 모두에게 좋은 일도 어느 누군가에게는 그렇지도 않을 수도 있어.

며칠 지나서 함께 테니스를 쳤던 남편 친구 아내의 이야기를 들었어. 시골에서 돼지고기를 보내주었는데 그 날 먹으려고 삶아 놓았다는군. 나와 영화 보기로 이미 약속은 되었지만 그냥 먹으려고 했나 봐. 시골 돼지고기 삶은 것을 새우젓에 찍어 먹으면 얼마나 맛있냐. 전화로 영화 약속을 상기시키니 얼마나 아쉬웠겠어. 이 이야기 우리 남편에게 하지 말길. 정말 부부 싸움할라.

-《인천수필시대》. 2002. 7.

덕분입니다

 오랜만에 울산 동생이 왔다. 동생은 올 때마다 자매들에게 이런저런 선물을 한다. 이번에는 '감사의 수첩'이다. 하루에 다섯 가지씩 감사할 일을 기록하면 좋은 일이 생긴다던가. 선물을 받으니 준 이의 마음이 예쁘고 고맙기는 하다. 매일 '사랑합니다, 감사합니다, 미안합니다'를 말하면 기쁘고 행복한 일이 일어난다는 믿을 수 없는 이야기를 여러 강연에서 듣기도 했다. 하지만 '지금 내 상황에 감사할 일'이 뭐가 있나.' 하는 어깃장을 부리고 싶다.
 노력하지 않으면 기분이 깊은 우물 속으로 가라앉는 요즘, 가능한 한 만 보씩 걸으려고 한다. 오늘은 사천 보만 더 걸으면 만 보다. 저녁 식사하기 전, 집 앞에 있는 작은 공원으로 나갔다. 공원 한 바퀴 돌아야 이백 보 남짓이다. 공원 둘레를 돌고 돈다. 걷기가 지루할 즈음, 공원 입구 쪽에 장바구니를 가슴에 안고 걸어오는 지인을 만났다. 주민센터에서 운영하는 라인댄스를 함께하는 이다. 그는 나와 같은 아파트에 살고 있어 운동이 끝나면 같이 집으로 가거나, 가끔은 카페에 들어가 좀 더 대화하다가(수다를) 집으로 간다.

나를 본 지인은 웬일인지 무척 반색한다. 무거워 보이는 장바구니를 서둘러 받아들었다. 그녀는 내게 대뜸 "○○ 씨 덕분에 내가 문화생활을 하게 되었잖아요." 그의 갑작스런 말에 뭔 말인가 순간 어리둥절하면서 궁금했다.

두어 달 전 어느 날, 운동이 끝난 후 삼 층에 있는 도서관을 가려는데 그가 나와 같이 가겠다고 한다. 그녀는 책을 가까이 하려는 마음은 굴뚝같았지만 편찮은 친정어머니와 같이 살다가, 어머니가 떠나신 후 이런저런 일도 있고, 건강이 나빠져서 오랫동안 책을 읽지 못했다고 한다. 그날 내가 도서관을 간다니까 일 초도 망설임 없이 나와 함께 엘리베이터에 올랐다. 그는 대출증을 만들고 책도 몇 권 대출했다.

그녀가 도서관에 가서 대출증을 만들고 책을 몇 권 빌렸다고 하는 말을 들은 그녀의 친구는 "우리 나이에 책을 뭐하러 읽냐, 눈만 피곤하지. O튜브 영상에 재미있는 것이 널려 있는데." 하면서 쓸데없는 데 기운을 쏟는다고, 도서관에 가고 책을 읽는다는 그를 말렸다고 한다. 약간 흥분한 목소리로 그녀는 '독서를' 혹은 '책을 좋아한다.'도 아니고 '책 읽는 것'을 좋아한다고 말한다. 내게는 그 말이 왜 특별하게 들리는지, 아무튼 그는 몇 번이고 '책 읽는 거' 좋아한다고 한다.

　이야기가 길어져서 그의 보따리를 공원 벤치에 올려놓고 앉았다. 다시 그녀는 'OO 씨 덕분에' 문화생활을 하게 되고 도서관도 가게 되었다. 며칠 전에는 문예대상 공모전 알림 현수막을 보게 되었는데, 그것도 예전 같으면 눈에 들어오지도 않았을 것이다. 제출 마감 시간이 몇 시간 남지 않았지만 도전해 보고 싶어졌다. 다섯 시까지만 제출하면 된다는 담당자의 확인을 듣고 부지런히 워드를 쳐서 직접 기관을 방문해서 내야 한다는 제출 조건에 맞추느라 몇 년 방치한 프린터기를 켰는데 다행히 문제 없이 원고를 출력해서 마감 시간 내에 제출할 수 있었다, 등의 이야기를 숨차게 이야기하면서 민망하게 또 'OO 씨 덕분이다.'고 한다.

　그녀는 입상을 기대하지 않았는데 담당자에게서 시상식에 참석하라는 전화를 받았다. 입상 또한 나의 공으로 돌리는 말을 하고 또 한다. 밥을 내겠다고 약속 날짜를 정하자고 채근한다. 좋은 일이긴 한데 내 노력이 들어가지 않은, 공짜로 뭔가를 받은 것 같은 그것도 내가 갖고 싶은 것을 받은 얼떨떨

한 기분, 로또복권 '사 등'에 당첨된 느낌, 아무튼 그랬다. 장바구니를 안고 집으로 향하는 그녀와 헤어져 남은 걸음을 걸으면서 난 누군가에게 '덕분입니다'를 얼마나 했는가 생각하게 되었다. 나의 꼬인 마음 같으면 그렇게 말하지 못했을 것이다. 그런 덕담을 할 수 있는 에너지와 여유가 부럽다.

 '덕분입니다.'라고 할 만큼 그런 일들이 있었나, 하는 어깃장을 놓는 내가 참 못나고 삭막하다. 감사한 일은 물에 흘려보내고, 아프고 괴로운 일들만 되새김질하면서 '뭐가 그리 감사하다고.' 한다.

 동생에게서 받은 감사 수첩을 다시 꺼내 본다. '감사합니다. 덕분입니다.'를 끼적여본다. 어머니께 덕분입니다. 아버지께 덕분입니다. 남편 덕분입니다. 시작하다 보니 가족과 형제, 아는 이들 모르는 이들에게, 사물에도 '덕분입니다'를 적고 있다. 심술 부리던 마음과 달리 감사하는 대상이 연줄 풀 듯이 떠오른다.

 내가 살고있는 환경과 생물, 무생물, 우주의 삼라만상 덕분으로 지금의 내가 존재하고 있지 않은가. 알게 모르게 그들 혹은 그것의 혜택으로 살아가고 있다. 나와 인연이 되는 것들 덕분이다. 올해 마지막 달 십이월에 나는 기도하듯 염불하듯 중얼거린다 '덕분입니다.', '나의 지금은 모두 여러분 덕분입니다.'

 지인에게 들은 '나의 덕분'이라는 말을 듣고 살짝 설레는 마음에 멀리까지 왔다. 그런 마음을 낼 수 있는 단초를 준 그 덕분에 올 한 해를 푸근해지는 마음으로 보낼 수 있구나 한다. "당신 덕분에 나의 불퉁거리는 맘이 좀 펴졌답니다." 동굴 속으로 가라앉는 마음이 다시 지상으로 올라오고 있다.

–《수필과비평》2024년 1월

4부

필화 사건

당신에게
보이는 게 다는 아니다
밴댕이 속
나의 보살
정근
우물
줄긋기
이상한 동네
필화사건
찜질방 풍경

당신에게

낙엽이 현관 안까지 와서 굴러다닙니다. 며칠 전만 해도 땀 가실 날이 없었지요. 이 여름이 길게 미련을 두고 가더군요. 추석 명절을 한여름 날씨 같아 명절 분위기도 나지 않았지요. 모기는 가을 한가운데에 와서야 한풀 꺾였네요. 창밖 초등학생의 반팔 티셔츠 차림이 을씨년스럽습니다. 따갑기만 했던 햇살이 서늘한 빛으로 느껴집니다. 시간은 조용히 지나고 있습니다.

아직 다 못한 일, 하고 싶은 것도 많은데 끝이 보이려고 하지요. 가을걷이하듯 이제 당신도 정비해야 할 때가 되었군요. 표정이 복잡해 보입니다. 그럴 필요 없어요. 삶은 의외로 간단합니다. 어떤 식으로 살아가든 다 태어나 울고 화내고 웃고, 그리고 일을 하고 먹고 배설하고 사랑하며 그리고 흙으로 바람으로 먼지로 돌아갑니다.

　그다지 당신은 편안해 보이질 않군요. 그가 비웃지 않을까, 그가 불쾌하지 않을까, 그가 내 말에 서운하지 않을까, 그가 화나지 않을까. 물론 '그'란 당신이 아닌 주변 사람을 말하는 거지요. 당신은 그런 자신이 싫어진다고 하지요. 혹시 남보다 차별된 '나'를 보이고 싶어하는 '자만'이 당신을 괴롭히는 것 아닌가요.

　이것저것 입어보다가는 딱히 맘에 드는 것이 없으면서도 주인이 화낼까 서운할까 웬만하면 사지요. 누군가 부탁을 하면 힘들면서도 일단 승낙부터 하고는 고민을 하지요. 결국 교환하거나 구차한 변명을 대면서 그 부탁을 다시 거절할 수밖에 없습니다. 당신의 뜻을 분명하게 전달하지 못하여 상황을 엉망으로 만들고 맙니다. 대형마트에 시식코너에서 만두나 고기, 빵 등의 시식코너에서 친절한 미소로 시식하길 권하는 그 유혹에 먹어보곤 맨손으로 지나치지 못해 당신의 냉동실은 꽉 차 있지요.

　상대가 화를 내면 우선 당신은 사과부터 합니다. 문제는 상황이 지나간 후에 '내가 잘못한 것이 아니다.'를 알고 자신의 어리석음을 눈치챘다는 사실입니다. 며칠 전에도 집 앞에서 차를 빼다가 '빵' 소리에 차를 멈추고 창문을 엽니다. 어떤 여인이 '운전 그렇게 하지 말라'는 요지의 장황한 말에 어색한 웃음으로 미안하다고 조아리지요. 그래도 그는 "조심하세욧!"라고 또 한소리하며 못을 박더군요. 그 후부터 그곳에서 차를 움직일 때마다 '전방을 주시해야 하는 의무도 있음'을 말하지 못하고 곱다시 당한 당신이 미워지기까지 합니다. 이 같은 일이 한두 번이 아니지요. 그때마다 지나가고 어쩔 수 없는 일을 새기고 또 새기며 당신은 자신을 고문합니다.

자만과 쉽게 입는 상처는 뗄 수 없는 사이인 것 같군요. '내가 누군데.' '나는 그런 말을 들을 사람이 아니지.' '감히 나에게 어떻게 그런 말을….' '나는 그런 말을 들을 사람이 아닌 괜찮은 사람'이라는 자만. 그 사람이 당신에게 그렇게 하면 안 되는 이유가 정말 있을까요. 어떤 작가의 글에서 읽었습니다. '맞아. 그래.'를 되뇌었던 장면이었지요. 아들을 잃고 왜 하필 나에게 이런 일이 일어나느냐며 신을 원망했다지요. 왜 안 그랬겠습니까. 곁에 있던 노수녀가 그랬답니다. 왜 당신에게만은 일어나면 안 되는데요. 그 말에 부처의 사자후를 들은 듯 정신이 번쩍 들었다지요.

'나는 그런 대접을 받으면 안 되는 사람인데.' 하는 그 구별하는 생각 때문에 스스로 쉽게 상처를 내는 건 아닌가요.

요즘 당신 잘 하는 말이 있지요. '세상은 억지로 되는 일 없어. 물 흐르는 것처럼 순리대로 풀어야지.' 당신은 자신이 말한 대로 살려고 노력은 하지만 잘되는 것 같지는 않군요. 자만하는 당신도, 자책하는 당신도 당신입니다. 다른 사람에게서 당신을 찾으려고 하니 불편하고 갈등이 따라다닙니다.

사실 물도 그렇게 편하게만 흐르는 것도 아니지요. 근원도 찾기 어려운 물줄기가 길 따라 조약돌을 만나고 잡풀에 간지러워 수런거리지요. 굴러오는 통나무에 멍이 들고 큰 바위 그늘에 숨어 잠시 숨을 몰아쉬다가 지나갑니다. 낭떠러지를 만나면 물은 자신을 누군가에게 믿고 맡기고 떨어집니다. 그리고 또 흘러가지요. 물은 상처 입지 않습니다. 물이 오염되었다고 해도 물의 본질은 그대로지요. 그럼에도 당신은 그 물이 계속 상처받았다고 생각합니다. 생각은 생각일 뿐임에도 느끼지 못하고 있지요. 당신도 결국 당신이 가야 할 길을 따라가고 있습니다. 좀 비겁하기도 하고, 상처를 쉽게 입어도, 당신은 그냥 당신입니다.

"시작은 미미하나 뜻은 창대하리라."라고 쓰인 전광판을 집 앞 교회에서 보았습니다. 바다의 시작인 미미한 실개천이 우주와도 같은 바다를 꿈꾸는 그림을 상상합니다. 아스라이 보이는 종착지에 미미한 시작을 멋진 꿈으로 마감하면 어떨까요. 좀 과장이 심하지만 어떻습니까. 꿈을 크게 꾼다고 누군가에게 해를 주는 것 아니지요. 골인 지점이 지나서까지 최고의 에너지를 발산하는 백 미터 달리기 선수처럼 멋진 꿈을 꾸길 바랍니다.

"산은 산이요 물은 물이다."라는 법어가 주는 깊은 의미는 잘 모릅니다. 제각각의 본질을 있는 그대로 인정하라는 그런 뜻이라고 맘대로 해석합니다. 두서없지만 제가 전하고 싶은 뜻이 잘 전달되었으리라 생각됩니다.

오늘 아침 영화 한 편 관람했습니다. '영화는 영화다.'

당신은 당신입니다. 더욱 서늘해진 가을날 편안하십시오.

- 2008. 09. 29.

보이는 게 다는 아니다

지금의 내 몸무게는 ○○깡과 캔맥주의 공로다. 친구들 대부분은 결혼하고 체중이 조금 증가하고는 몇십 년째 그대로라고 하는데, 나는 어찌된 일인지 경제 사정은 증가하지 않고 매해 체중만 증가하고 있다. 남편은 날로 왜소해져 가고 나는 점점 더 거해진다.

에어로빅을 할 때만 해도 앞자리 숫자를 육에 머물게 하려고 애썼다. 나는 언제나 항상 몸무게 숫자와 다이어트를 생각한다. 생각일 뿐이다. 어느덧 입으려고 했던 옷이 한 해 지나면 꽉 끼고 그다음 해엔 입을 수가 없다. 값이 좀 나가는 옷은 버리지도 못하고 비좁은 장에 쟁여 둔다. 장을 열 때마다 아쉬워하며 보고 또 본다. 낭만적인 동생은 자기 언니의 실상을 정확히 모르고 예쁜 꽃무늬 블라우스를 가끔 보낸다. 이제는 그

옷이 몸에 맞는다고 해도 나이와 어울리지 않게 되어버렸다.

언젠가는 '이런 추세로 가다가는 내가 아프거나 죽으면 크레인으로 들어내려야 하는 거 아냐.' 했다. 남편은 조용히 웃는다. 같이 봤던 영화 〈길버트그레이프〉를 떠올렸을 것이다. 그리 심각하게 받아들이지 않는 듯했다. 혹은 알은척했다가 괜한 불씨 건드릴까 봐 그랬는지도 모르겠다. 하루의 '일깡일캔'과 함께 남편의 무관심이 내 체중에 일조를 했다고 생각한다. 지인들 남편은 부인이 체중이 조금이라도 증가하면 상금을 걸고 다이어트를 하게 한다고 하던데.

영화 〈길버트그레이프〉에서 '길버트그레이프'의 엄마는 길버트의 아버지인 남편이 자살하자 그 충격으로 '초고도비만'이 된다. 나중에는 위층에서 거실로 내려올 수 없을 지경이 된다. 이 영화를 봤다고 해도 대부분 길버트의 '초고도비만 엄마'는 별로 생각이 나지 않을지도 모른다. "도둑이 제 발 저리다."는 속담이 생각난다.

길버트의 엄마가 세상을 떠나게 되자, 길버트는 그 집을 불태운다. 엄마의 시신을 기중기 내려오게 하고, 엄마를 구경거리로 만들고 싶지 않았을 것이다.

《헝거》는 '록산게이'의 자전적인 에세이다. 거대한 몸을 가진 '록산게이'는 가족과 함께 있으면 이방인처럼 느낀다. "우리 가족은 모두 잘생기고 예쁘다. 날씬하고, 스타일 좋고, 매력적이다. 가족들과 같이 있으면 나는 그들 속에 속하지 않는 것 같다. 그 사이에 있을 자격이 안 되는 것 같다. 당신을 가장 진실하고 깊이 아는 바로 그 사람들에게 속하지 않는다고 생각하는 것은 무척이나 아프고 외로운 감정이다."라고 책에서 이야기한다.

교수이며 능력이 있는 그는 자신의 몸에 대해 당당해지려고 하지만 쉽지 않다. 사회가 요구하는 규격에 맞지 않아 타인의 시선에서 자유로울 수 없다. 비행기를 탈 때, 좌석이 맞지 않아 두 자리를 사고, 안전벨트도 개인용으로 가지고 다닌다. '오프라 윈프리' 이야기가 나온다. 세계적인 사회자 '오프라'도 역시 마찬가지였다. 그녀는 다이어트에 성공하고 자축하는 이벤트를 했다. 그리고 또 실패를 했다. '록산게이' 역시 끊임없이 다이어트 캠프나 다이어트 프로그램에 참여하지만 그럴 때뿐이라고 했다.

'록산게이'는 자기를 모르는 이들이 '자신이 글을 쓰고, 대학에서 강의를 한다.'는 것을 알고 나면, 의외란 듯한 표정을 짓는단다. 미디어에서는 더 부추긴다. 비만인은 직업이 변변하지 못하고, 섬세하지 못하고, 게으르고, 현명하지 못하고 주인공이 아닌 주변인으로 등장한다. 사투리 쓰는 사람이 주인공으로 나오지 않는 것과 비슷하다고나 할까. 난 완벽하지도 멋진 직업인도 아니지만 나는 주변 상황에 민감하고 예민하다. 부피가 나가는 나를 민감과는 거리가 먼, 털털한 사람이라고 여긴다.

친구들도 살찐 이들을 보면 "자기 관리를 못해서 저렇게 뚱뚱하지, 게을러서 그래."라고 말한다. 다른 친구도 동조한다. '초고도비만'인 내가 곁에 있지만, '마치 너는 열외'라는 듯 나의 민망함을 모른 척 비난을 멈추지 않는다. 있는 그대로를 보지 못하는 사회의 고정관념 내지는 편견이 문제다. 그럼에도 그 편견에 영향을 받지 않는 용기도 없다. 주눅까지 든다.

초등학생들을 대상으로 '폭력예방교육'을 한다. 도입에서 번호가 붙여진 사진을 보여준다. '범죄자일 것 같은 사람은 누구일까.' 번호를 선택해보라고 한다. 학생들은 험악하고 거칠게 생긴 사람을 고른다. 정답은 누구나 범죄자일 수 있고 아닐 수 있다는 것.

진실은 범죄자로 기사에 오른 이들은 무섭다거나 거친 모습이 아닌 우리가 일상에서 마주치는 사람들보다 오히려 선하게 보이는 모습이었다. 편견은 무섭다.

'록산게이'는 사회적인 지위가 있음에도 거리에서 자기를 모르는 사람들의 비난이나 놀림의 시선, 말의 폭력을 당하면서 어쩔 수 없이 자신이 위축되는 것을 느끼고 분노했을 것이다.

'록산게이'는 자신의 책에서 외모에 관한 편견과 관련, 두 프로필을 이야기한다.

'흑인 소년'과 '차르나예프'다. 흑인 청소년이 자경단에게 불심검문을 당한다. 그 과정에서 그는 자경단의 총에 맞아 죽는다. 자경단은 그 청소년이 뭔가 문제가 있어 보여 불심검문을 했다고 한다. 당시 범죄를 저지르지 않았던 청소년이 죽은 후 뉴스는 그 청소년의 환경이 좋지 않고 마약 관련 범죄를 저질렀고 등 피해자인 그 흑인 소년이 과거 저질렀던 범죄라고 볼 수도 없는 비행에 초점을 맞춰 보도한다. 이런 비슷한 사건은 인터넷에서 잠깐 검색해도 쉽게 볼 수있다.

'차르나예프'는 보스턴 마라톤 테러범이다. 이 사건에서 세 명이 살해당하고 삼백여 명 이상이 부상을 당한 사건이다. 이 범죄자는 심지어 잡지 《롤링스톤》 표지에 나온다. 이 잡지는 이 비극을 이용하고 테러리즘을 미화하고 차르나예프를 순교자나 스타나 된 것처럼 만들었다는 비난을 받았다. 표지에 실린 사진이 한편으로는 외모가 그럴듯하고 표정이 선하다고 범죄를 저지르지 않는다는 고정관념에 대한 경고이자, 위험은 어디에 도사리고 있는지 모른다는 경고를 하기도 한다. 편견은 위험한 사람을 알아내는 데 별 도움이 되지 않는다.

남의 시선에 무심하지도, 당당하지도 못한 그래서 늘 뒤로

비껴서는 나는 언제나 매일 다이어트를 생각한다. 그러나 드라마를 보다가, 소설책을 읽다가 한밤이 되면 냉장고에 있는 맥주와 스낵이 생각난다. '먹자.' 주위의 편견이 옳지 않다고 하면서도 언제나 다이어트를 생각하지만 밤의 유혹에 넘어간다. 맥주 한 캔, 스낵 한 봉지가 순식간에 사라진다. '자기 관리도 못하고 게으른 게 맞을 수도 있겠지, 그래도 보이는 게 다는 아니지.' 중얼거린다.

- 《경인수필과비평작가회의》 2022년

밴댕이 속

"속 좁다 욕하지 마라, 오뉴월 밴댕이는 참치가 부럽지 않다."라는 제목의 기사를 보게 되었다. 팔 년 전 한국관광공사에서 인천의 유명한 먹거리를 소개하는 기사였다. 하여간 너그럽지 못하고 작은 일에 속을 끓이고, 화를 내고, 인색한 사람을 밴댕이 속이라고 한다. 내가 그 밴댕이 속의 주인공이 아닐까.

'생전예수재' 회향하는 날이다. 언제나 예불이 끝나면 돌아가기 바빴는데, 그날은 모처럼 여유가 있어 친구와 점심 공양을 했다. 많은 이들이 기도하러 온 날인지라 설거지하는 이들로 개수대가 복잡했다. 먹었던 그릇을 놓고 가기가 뻘쭘해서 비집고 들어가 그릇에 비누칠을 해서 헹구는 칸으로 넣는데, 갑자기 옆에 있던 이가 "그렇게 하면 안 되지요."라며 날카롭게 쏜다. 그녀가 헹구는 그릇에 비눗물이 튄 것이다. 늘 그렇듯이 불쾌한 기분보다 순간 무안함으로 일단 자리를 옮겨 그릇 몇 개를 씻어놓고 물러났다.

버스 안에서의 사고도 그렇다. 버스에 올라 좌석에 앉으려는데 기사가 브레이크를 갑자기 밟았는지 버스가 심하게 흔들리면서 어떻게 해볼 사이도 없이 버스 바닥으로 엎어지고 말았다. 벌떡 일어나지도 못하고 잠시 있다가 자리에 앉았다. 기사는 사과는커녕 괜찮은지 묻지도 않았다. 같이 있던 친구는 "승객이 넘어졌는데 괜찮은지 묻지도 않네." 한다. 난 그때 그런 생각도 못했다.

적절한 대응을 하지 못했단 생각에 스멀스멀 화가 나기 시작했다. 그 자리에서 바로 말했어야 하는데 못하고 뒤늦게 나에게 화를 낸다. 상대방에게 했어야 할 것들을 시뮬레이션으로 이렇게 저렇게 해 본다. 지금은 이렇게도 생각이 잘 나는 대사가 그때는 왜 한마디도 생각이 나지 않았나. 껌을 잘근잘근 씹듯이 생각하고 또 생각하고는 속을 끓인다. 다행히 시간이 지나면 사건은 생각나도 불쾌한 감정들이 사라져서 숨을 쉬고 살아가는 것이다.

속을 끓이던 그런 일들이 시나브로 기억도 잘 나지 않는다. 망각이란 묘약으로 숨을 쉬고 살 수 있다. 다시 생각하면 뭐 그리 화가 날 일이라고 며칠을 생각하고 또 생각할까. 그러니 내 속 좁은 것을 숨기고 괜스레 밴댕이가 어쩌니 하는 것이다.

 세상일이 그렇지 않은가. 불쾌하고 억울한 일을 당했다고 되돌려 줄 수 있는 일이 얼마나 될까. 내 잘못 네 잘못을 따질 수도 없다. 인과관계 없이 사고를 당하고, 생각도 못한 사건에 휩쓸려서 억울한 일을 당하고 큰 손해를 보기도 한다. 이런저런 생각에 절로 낯이 화끈해진다.

 십수 년 전에 인문학 강의를 듣기 위해 '오쇼 라즈니쉬'의 강의를 기록한 책 《반야심경》을 구입했었다. 요즘 다시 그 책을 펼쳤다. 다음과 같은 글을 보면서 내 의문에 대한 답을 엿본 기분이다.

 어떤 사람이 붓다의 얼굴에 침을 뱉었는데 붓다는 태연히 얼굴을 닦아내고는 "더 말할 것이 있는가." 물었다. 제자들은 화가 나서 스승님만 없었다면 그자를 죽였을 것이라고 흥분하면서 얼굴에 침을 뱉었는데 오히려 더 할말이 있느냐 묻는 붓다를 이해하지 못했다. 붓다는 "침을 뱉는 것 또한 의사 표현의 일종이고 그 사람이 너무 화가 나서 적당한 단어를 찾을 수 없었기 때문에 침을 뱉은 것이다."라고 말할 뿐이었다.

 마음 없이 보는 것이 붓다의 시각이다. 침을 뱉은 것이 무엇이 문제인가. 스승은 상황에 휘둘리지 않는다. 과거의 경험을 끌어들이지 않는다. 침을 뱉는 것은 나쁜 짓이고 모욕이다 하는 관념을 끌어들이지 않는다. 다만 침을 뱉은 그 사람의 실체를 볼 뿐이다. 오히려 침을 뱉은 이는 잠을 낮에 있었던 일 때문에 이루지 못한다. 붓다를 찾아가 용서를 빌었다. 붓다는 자신은 상처를 받지 않았다. 나의 얼굴은 전과 변함이 없다. 그 일에 아무런 관심도 없고 화도 나지 않았다. 그런데 어찌 용서를 하라고 하는가. 갠지즈 강변에 앉아 있던 그들. 갠지즈 강이 하루 동안 얼마나 많은 물이 흘러갔는가. 그대 안에도 그만큼의 삶이 지나갔고 내 안에도 그만큼의 삶이 지나갔다. 저 갠지스강은 어제와 똑같은 강이 아니다. 나는 어제와 똑같은 사람이 아니다. 어제 침을 뱉은 사람은 그대가 아니라 다른 사람이었다. 지나간 것은 지나간 것이다.

언감생심 성인의 경지를 꿈조차 꾸려는 것도 아니다. 다만 그리되면 마음이 참 편하겠다. 아니지. 마음이 편하다는 생각조차 없을 것이다. '용서하고 참는 것이 아닌' 있는 그대로를 보는 것이다. 참거나 도망치는 것이 아니다. 나를 스치고 지나가듯 흘러가게 두는 상태다.

어떤 상황에 맞닥뜨린다 해도 마음에 걸리는 것이 없는 그 상태. 단지 남아 있는 것은 사건의 진실만 있을 뿐, 불쾌한 일에 직면해도 상처를 받지 않고, 원망하는 감정이 없다면 좋겠다. 상대의 행동을 인식하지만, 그것이 나에게 영향을 미치지 않는 그런 상태. 그것은 무심의 마음, 공의 마음인가.

 어떤 자극에 판단을 접고, 나 자신을 비난하지 않으면서 상대의 행동에 일희일비하지 않고, 좋거나 싫은 상황들을 강물처럼 흘러가게 내버려 두는 혹은 반응도 하지 않는 무심을 상상한다. 그 지점은 어디일까. 밴댕이 속의 주인공인 나는 목이 빠지게 올려 볼 뿐이다.

- 《수필과비평》 2023년 8월

* 《반야심경》(오쇼 라즈니쉬 강의, 손민규 옮김, 태일출판사, 2001) 373~376쪽 중에서

나의 보살

생전예수재일이다. 무슨 의미인지 잘 모르긴 하지만 동참하겠다는 마음으로 왔다. 예수재일이 무슨 뜻일까. 불교에서 '예수'란 단어가 왜 들어갈까. 사이트에서 찾아볼 것을 그랬다.

일반 예불이 끝나고 법문이 시작되었다. 아! 살아있는 동안 내 자신에게 재를 지내는 것이로구나. 보통 세상을 떠난 이들을 위해 천도재니 49재는 결국 후손이 자기 자신을 위해 조상의 재를 지내지만 예수재일은 나를 위해 미리 재를 지내 업장소멸을 하는 것이다.

그 아기는 오늘도 또 부시럭거린다. 번개 뒤의 천둥소리의 관계처럼 곧이어 할머니가 아기를 야단친다. 아기의 소란보다 할머니 굵직한 사투리로 야단치는 소리가 더 신경이 쓰인다. 주변에 앉아 있는 이들이 그 조손의 소란에 한 번 이상씩 고개를 돌려 거슬린다는 표시를 한다.

저 할머니는 아무리 손녀가 이뻐도 그렇지 아직 말귀도 알아듣지도 못하는 아기를 예불시간에 데리고 올 건 뭐람. 며느리가 직장에 다녀도 그렇지. 혹시 이혼한 아들의 아기를 키우시나. 아무렴, 딸의 아기를 법당까지 데리고 오면서 봐주진 않을 거야.

스님의 법문이 계속 이어진다. 스님은 거슬릴 텐데 전혀 표를 내지 않는다. 역시 우리 대중들과 다르긴 다르다. 저렇게 아이가 울면 데리고 나가야지. 괜스레 스님이 야단을 칠 거라느니, 선생님이 싫어할 거라느니 하면서 아이 등을 탁탁 친다.

꼬마는 이제 미처 치우지 않은 전기난로 코일을 손가락으로 드르륵 소리를 내며 건드리다가 불전함을 툭툭 치기도 하고 불단에 놓인 물건들을 만지고 싶어 까치발을 한다. 노보살은 아이가 내는 소리보다 더 큰 소리로 닦달을 한다. 아이는 소리 지르면서 울기 시작한다. 아! 정말 뭐 저런 할머니가 있담. 당신은 지금 예불 시간에 앉아 있으니 위안이 되는가 본데 할머니와 손녀의 소음에 신경 쓰여 집중을 못하고 있는 이 못난 불자는 어쩌란 말인가.

시식 행사도 끝났다. 공양간에 점심 식사가 준비되었다. 밥을 담는 이가 없기에 내가 가서 공기마다 밥을 담았다. 다른 이들의 밥을 얼추 다 담고 나서 내 밥을 들고 비어있는 식탁에 앉았다. 마침 그 아기와 할머니가 앉아있는 자리다.

아기는 곁에 있던 이가 밥을 먹여 주려고 하자 자기 손으로 먹겠다고 숟갈을 받는다. 흘리지도 않고 잘 먹는다. 나와 같은 식탁에서 식사를 하던 신도 부회장이 "저 아기 엄마가 아기가 두 달 되었을 때 위암이어서 손도 쓰지 못하고 죽었다는군."라며 끌끌 혀를 찬다.

법당에서 아기와 할머니의 소란을 불평한 내가 부끄러워진다. 갑자기 아기와 할머니가 내 가슴에 가까이 다가온다. 그들에게 최악의 상황일 수도 있다는 상상은 못했다. 아기는 아침에 일어나면 자고 있는 할머니를 내려다보면서 "할머니, 죽지 마!" 한단다.

할머니가 우리에게 하는 말을 들은 그 아기는 방긋 웃으면서 몇 번을 "할머니, 죽지 마!" 종알거린다. 웃는 아기가 측은해서 할말을 잊었다. 저 아기가 팔 개월 되었을 때 아이 엄마가 떠났다는데 어떻게 죽는다는 말을 할 수 있을까. 뜻이나 알까.

점심식사 후 가까운 송도로 차를 마시려고 카페로 갔다. 그 할머니 곁에 앉아 식사를 했던 친구가 그들의 사연을 이야기한다. 지금 그 아이가 이십팔 개월 되었는데 그 할머니의 며느리가 손녀가 두 달 되었을 때 자꾸 허리가 아프다고 했단다. 처음 병원에 갔을 때는 치질이라고 했는데 자꾸 아파서 정밀 검사를 받고 나니 손도 쓸 수 없는 췌장암이었다. 위암이 아니구나. 병원에서 육 개월 치료를 받고는 차도도 없이 친정에 가서 두 달 요양을 하다가 자기 딸도 보지 못하고 세상을 떠났다고 한다.

다음 주에 그 꼬마와 할머니가 법당에 나타나면 짜증스런 눈길을 보내는 이들에게 "그럴 거까지야 뭐 있나요."라고 속으로 생각하면서, 전에 '또 어지러운 예불을 드리겠군.' 생각했던 내가 부끄럽겠지.

그들 조손은 어김없이 소란스럽게 할 테지만 틀림없이 오늘처럼 짜증이 나지는 않을 것이다. 그들의 사연에 맘이 달라졌기도 하지만, 이렇게 만난 것도 다 인연이라는데 원인 없는 결과는 없다지. 전생에 저 아기가 열심히 예불을 들이고 있을 때 내가 방해꾼이었을지도.

나에게 어떤 일이 온 것은 좋은 일이나 나쁜 일이나 내가 받을 만한 어떤 연유가 되는 행동이나 생각을 했으리라. 갑자기 그 할머니와 아기는 나를 깨우치게 하는 보살로 다가온다.

— 2000년 8월

정근

나무보문시현
원력홍심
대자대비구고구난
관세음보살. 관세음보살

오늘은 땀을 얼마나 흘릴까.
관세음보살. 관세음보살

백팔 배를 다 하기 전 스님께서 정근을 끝내시면 어쩌시나.
관세음보살. 관세음보살

오늘 저녁은 무슨 반찬을 해야 하나.

관세음보살. 관세음보살

이 녀석(아들)은 잘 지내겠지.
관세음보살 관세음보살

예불 끝나면 점심은 냉면으로 할까.
관세음보살 관세음보살

노인네들(부모들)은 별일 없으시겠지.
관세음보살 관세음보살

백화점이나 가서 장을 볼까.
관세음보살 관세음보살
차라리 저녁은 간단히 사 먹고 말까 봐.

관 세 음 보 살
관 세 음 보 살
관 세 음 보 살
멸업장진언
옴아로륵계사바하

옴아로륵계사바하
옴아로륵계사바하

아니 벌써!

구족신통력.광수제방편.무찰불현신.시방제국토. 고아일심귀명정례
에고
관세음보살님
자꾸 마음이 새나가고 마네요
내일은 관세음보살님만 생각하고
열심히 정근하겠습니다.

 종교가 무엇이냐고 하면 몇 년 전까지는 '무無'라고 적었지만 이제는 '불교'라고 한다. 나는 불교를 설명하라면 못한다. 흔히 '초파일 불자'라는 말이 있다. 초파일 석가탄신일에만 절에 가는 신도를 일컫는 것이다. 그보다는 몇 번은 더 다닌다고 위안 삼는다.
 몇 년 전, 집 부근의 산을 다니던 중 그 날은 사찰이 있는 곳으로 내려갔다. 커피자동판매기와 약수터가 있기 때문에 종

종 그곳에 들르곤 한다. 어스름 저녁이었다. 산을 오르는 사람들의 발걸음이 뜸한 시간이다. 사찰의 확성기를 통해서 노래가 나오는데 갑자기 가슴이 먹먹하고 눈과 코가 시큰해진다.

그 '노래'는 '예불문'이라는 걸 나중에 알게 되었다. 친구 따라 강남 간다고 했지, 친구 따라 불교대학에 등록하고 불교와 인연을 맺으면서 아들의 대학 입시에 내 마음 편하고 싶어 기초 교리를 공부했던 포교원에 열심히 다녔다.

백일기도를 한다고 하면 칠십 일 정도는 갔고, 그때마다 백팔배를 했다. 신심이라기보다 여행이 좋아 매달 있는 사찰순례도 빠지지 않고 다녔다. 그때도 백팔배는 열심히 했다.

그렇게도 가슴을 울리던 사찰의 경 읽는 소리는 일상의 의식이 되었고 즐거움으로 하던 백팔배도 의무가 되었다. 급기야 슬쩍 빼먹기도 한다.

불교는 '본래의 나를 찾는 일'이라고 하는데 본래의 나를 찾기도 전에 타성에 젖어 의무만 남은 불자가 되었으니 절을 할 때마다 이런저런 망상에 빠진다.

— 2003. 01. 20.

우물

아주 작은 우물이다. 조금은 지저분하고 초라한 우물이다. 열한 살 되던 해 그 동네로 이사 갔을 때 그 우물은 있었고 삼십몇 년이 지난 지금도 그 우물이 있다. 깊이는 우물 청소하려고 들어간 아저씨의 허리선 정도였다. 그 우물은 식수로 사용할 수는 없지만 비상시용으로 두고 있다. 평소에 주민들이 그 물을 사용하지 않아 늘 물이 넘쳐흘렀다. 가뭄이거나 단수가 되거나 혹은 수도 공사로 물을 사용할 수 없을 경우 허드렛물로 쓰기도 한다. 아쉬울 때 급한 빨래를 하기도 하는데 비누가 녹지 않을 정도로 수질은 좋지 않다.

한여름 우물가에 돗자리를 깔고 앉아 있으면 땀이 식는다. 바람이 물을 건드리면 그 바람은 시원해진다. 우물가는 골목 꼬마들의 놀이터가 되기도 하고 집으로 가다 다리 쉼을 하는 곳이기도 하다.

다시 우물과 만나게 되었다. 결혼 후 아이가 육 개월 무렵에 다니던 직장을 그만두고 잠시 친정 곁에서 살게 되었다. 그때 내가 사는 방은 서향이다. 오후 두세 시쯤의 한여름은 난로를 끌어안고 사는 것 같았다. 돗자리를 들고 아이와 우물로 간다. 그곳에서 잘 먹으려 하지 않는 아이에게 밥을 먹이기도 하고 먼지와 땀으로 얼룩진 얼굴과 손을 우물물로 씻기기도 한다. 아이의 얼굴은 말끔해지고, 더위도 식힌다.

그 우물이 악연이 될 뻔했다. 두 돌이 막 지난 삼월말쯤 이른 저녁 시간이었다. 삼월은 늘 그렇듯 바람이 불고 추웠다. 시금치된장국을 끓이려고 할 때 대문 소리가 나서 내다보니 낯선 이가 기웃거렸다. '이 집 아인가…' 라고 말하는 것 같다. 아이는 텔레비전을 보고 있을 텐데 하면서도 가슴이 두근거렸다. 방에는 아이가 없었다.

우물가엔 사람들이 웅성거리면서 모여 있었다. 빨간 체크 남방이 눈에 들어왔다. 아이는 푹 젖은 채 엎어져 있었다. 안고 보니 얼굴은 잿빛이고 혀에는 흙과 검불이 묻어 있었다.

그대로 두 팔에 아이의 얼굴이 바닥으로 향하게 안고 뛰었다. 큰길로 나오니 누군가 승합차를 타라고 한다. 아이에게는 아무 움직임이 없다. 이렇게 잃는구나. 병원 출입구로 들어섰다. 내 손등 솜털이 미미하게 간지러웠다.

　응급실에서 아이의 목에 호수를 밀어 넣고 물을 뽑아내었다. 얼마 후 아이의 울음이 터졌다. 각종 검사를 하기 시작했다. 아이는 괴로운지 더 크게 소리내어 울었다. 담당의는 그런 아이에게 짜증을 내고 그렇게 살아난 아이에게 소리를 버럭 지른다. 그 순간 의사의 행패도 노엽지 않았다.

　아이가 갈아입을 옷을 가지고 왔던 남동생이 아이를 안고 병원문을 나왔다. 아이는 무슨 일이 일어났는지 금방 잊은 듯했다. 자기 외삼촌에게 안겨서는 짜장면 타령을 한다. 지금도 대학교 새내기가 된 아이에게 친정 식구들은 짜장면 사건으로 놀린다.

　친정어머니가 귀가하느라 동네 어귀를 들어서는데 누군가 "아주머니 손주가 집 앞에 있는 우물에 빠졌는데 아이 에미가 안고 뛰어갔어요. 죽은 것 같던데…." 어머니는 괜히 딸을 곁에 두고 싶어 하다가 가슴에 대못 박는 일 만들었구나, 했다고 한다.

　아이를 우물에서 건진 사람은 우물 건너편 집에 살았다. 퇴근하고 집으로 들어가려는데 우물 근처에 있는 네다섯 살 된 아이가 "인형이 빠졌어." 했단다. 우물 안을 들여다보니 아이가 가라앉았다가 떠오르고 있었다. 그는 지나가는 이들 보고 같이 건지자고 하니까 피하고 가버렸다고 한다. 나라도 그 상황에서 선뜻 나서지 못했을 테지. 안타깝지만 몇 사람을 보내고 그래도 어떤 아주머니가 거들어서 아이를 무조건 건지고 엎어 놓았단다.

 그 우물은 그런 일이 있었는지 아는지 모르는지, 여전히 흘러넘치고 있다. 그런 일이 일어난 당시에는 그 우물에 문을 달기도 했지만, 우리가 이사 가고 몇 년 뒤 보니 우물의 문은 없어졌다. 우물 주변의 집들도 서로 방향을 달리해서 대문을 내었다. 나에게 절박했던 그 사건은 경쟁하듯 화단이 있던 마당이 건축물로 채워지듯이 묻히고 말았다. 그 우물에 누군가 빠진 사건은 우리 아이를 제외하고 전무후무했다고 한다.

-《제물포수필》36집 상, 2000년

줄긋기

 이상한 일이다. 지저분했던 아들 방이 다 그립다니. 그 방을 가끔 청소하면서 짜증스러운 목소리로 "이게 사람 방이냐, 폭탄 맞은 방이지." 잔소리를 하곤 했다. 그래도 그 방은 늘 어지러웠다.
 아들을 춘천 보충대에 두고 온 지 한 달이 되었다. 별로 다정스런 어미도 아니었는데 왜 마음이 이런지 나도 모르겠다. '빈둥지 증후군'이 있다던데 이렇게 되어가는 거구나 싶다. 며칠 동안은 아들 방을 들어가지도 못했다. 시간이 어느 정도 지나서 집 청소하면서 함께 그 방도 정리했다. 옷장과 책상, 책장 정리는 거의 되었다. 이제 그 공간만의 특이한 공기가 점점 옅어진다.
 아들이 입대하는 날, 춘천에서 돌아와 자려고 하는데 휴대폰 벨소리가 길게 들린다. '엄마, 저 ○○역인데 곧 들어가요.'라고 전화기 넘어 들려오는 것 같다. 그 아이는 춘천에 있지. 아침이 되니 밥은 먹었을까, 잠은 제대로 잤을까. 아무리 원해서 간 곳이지만 입대하는 날 모여있는 아이들이 멀쩡해 보이지 않는다.

아이 옷이 오고 편지가 왔다. 경비실에서 소포가 왔다고 연락이 왔을 때 엄마들의 눈물을 쏟게 한다는 문제의 옷 보따리인가. 다른 이들처럼 별나게 그러지 말아야지 마음을 다지고 경비실에 갔다. 아저씨는 "아들 옷인 것 같아요." 나는 "네." 하면서 싱긋 웃기까지 했다. 소포 안에는 옷을 싼 봉지에 아들 글씨가 빼곡히 차 있다. 난 대부분의 엄마가 되었다.

시간이 지나 '지금은 잘 시간이겠지. 땅을 뒹굴고 있겠지. 식사 시간이겠군.' 하면서 아들의 시간표를 가늠해 본다. 일요일이 되니 남편은 "그 녀석 빨래하고 놀고 있겠네. 이제 훈련이 삼 주째로 접어들었으니 힘들어지겠네. 게으른 녀석 훈련받는 것 생각하니 고소하네." 고소할 일도 많다. 그 순간 남편이 밉다.

아들 방에는 건축공모전에 준비했던 흔적이 아직 있다. 다 치우지 않고 큰 봉지에 담았다. 도면 그리는 책상, 그들이 쓰는 전문적인 자, 공모전에 보냈던 그림들이 제자리에서 주인을 기다리고 있다.

바지, 티셔츠, 남방은 왜 그리도 많은지. 계절별로 종류별로 걸어놓을 것은 걸고 갤 것은 개어 놓았다. 침대 매트도 뒤집어 놓고 그 아이가 그린 정물화를 이젤 위에 올려놓았다. 아들이

봤으면 '있을 때 잘해주지.' 할 것이다.

시간이 약이라는 너무도 식상한 말이 정답이다. 이일 저일로 바쁘니 아들 생각할 겨를이 없다. 공기가 들어갈 틈만 있다면 가끔 습기처럼 그 아이와 이어진 뭔가가 비집고 들어 올 뿐이다. 부모 자식 간은 몇 십 겹의 연이라니 그럴 수밖에 없겠지.

잠깐의 이별이지만 아들은 이 시점으로 부모에게서 독립하게 된다. 《탈무드》에서 아들은 우리를 통해서 왔지만 우리의 소유는 아니라고 노래하지 않던가.

살면서 어떤 줄을 그어야 하는 시기가 있다. 지금이 부모와 자식 사이의 획을 그을 시기이다. 건강한 성인이 되어 부모를 떠날 준비를 하러 갔다. 이제 우리 차례다. 떨리는 손으로 긴 자를 대로 힘을 주어 줄을 긋는다.

백일 휴가 나올 때면 침대 시트를 시원한 것으로 바꿔야겠다. 침대에서 여유를 부리면서 귀가한 기쁨을 즐기는 아들을 상상한다. 아들이 저가 있을 곳으로 돌아가면 창문을 활짝 열고 청소하면서 옅어지는 흔적을 아쉬워하겠지. 시간이 가고 시간이 가면 휴가로 집에 들어서는 아들에게 '너희 부대는 휴가를 왜 그렇게 자주 보내니. 아그들 군기 빠지게.'라고 투덜거릴 테지. 나는 그 시간을 기다린다.

- 《인천수필시대》 2002. 07.

이상한 동네

 이 세상은 이상한 점이 한둘이 아니다. 그들이 창피하게 여기는 일이 우리는 괜찮고, 우리가 부끄러운 일이 그들에게 넘어가면 당연한 일이 된다. 군대 문제를 보자. 어느 동네는 아들을 군대에 보내면 무능력자로 낙인이 찍힌다나. 우리 동네는 아들이 군대를 못 가면 약간은 부끄러워하는데.
 초등학교부터 국민의 사대의무를 배운다. 그 가운데 국방의 의무가 있다. 대한민국의 남자라면 대부분 만 십구 세가 지나면 징병검사를 받는다. 일정 등급을 받으면 입대해야 한다.
 지난 대선 때는 후보자 아들의 병역 문제로 시끄러웠다. 그 아들이 신체에 문제점이 없는데 병역을 이행하지 않았단다. 상대 후보 진영에서 그 점을 찾아내고 신문 방송에서 대서 특필했다. 면제를 받기 위한 트릭이 있었다면서 두 아들이 다 면제

받는다는 것이 문제라고 공격을 했다. 아들 병력 문제를 소록도에 가서 봉사하는 것으로 비난의 소리를 줄이려고 했지만 득표와 별로 연결되는 것 같지 않았다.

매체에선 잊을 만하면 병역 비리 문제를 들고나온다. 오늘 신문에는 인체 그림 위에 신체 부위별 면제 지수를 보기 쉽게 그려진 표가 병역면제 청탁을 한 부모들의 직업 분포도와 함께 있었다. '디스크와 눈질환이 단골 수법'을 큰 활자로 '병역 비리 누가 어떻게'가 보다 작은 활자로 밑줄이 그어져 있었다.

병역 면제의 대가로 돈을 준 이들은 정치인, 대기업 임원, 의사, 교수 등 전 계층에 걸쳐 있고, 직업으로는 사업을 하는 사람이 가장 많았다. 기업 임원, 공무원, 정치인, 의사, 대학교수 순의 분포였다.

병역 비리 몸통이라는 'OO 원사'는 여전히 검거가 안 되었다. 이십칠 년 간 헌병 수사관으로 근무하면서 모든 유형의 병역비리에 연루되었다. 수뢰 액수는 백억 원대이고 불법 면제 건수는 백여 건에 이른다. 그 사람이 걸리면 고구마 딸려 나오듯 '높으신' 분이 엮일까 봐 부러 수사하는 척하는 건가. 억측이길 바란다.

부정한 방법으로 그들의 아들의 병역을 막고 부모들은 그 아들에게 무엇을 하게 하려고 했을까. 대부분 대학생이나 유학생이란다. 예비판사와 운동선수도 포함되어 있다지. 미국이나 다른 선진국에 유학 가서 첨단 학문을 공부하게 하려고 했을까. 그들이 조국으로 돌아와 국가의 선진화에 이바지하려고 했을까.

돈있고 권력있는 그네들이 모두 그들의 아들을 편법으로 군 입대를 피하게 했다는 것은 아니다. 비리에 관련된 이들이 대부분 그들이라는 점이다. 이것도 저것도 없는 우리 동네는 아들을 군에 보내지 않으려고 애쓰지 않는다. 가게 되면 가고 못 가면 다행이지.

지난여름 아이가 징병검사를 받았다. 시력 때문에 1급은 예상하지 않았는데 결과는 4급이다. 4급은 현역보다 이 개월 더 근무한다. 공익요원이나 산업체 근로요원으로 군 복무를 하게 된다. 군대 이야기를 술 한잔하는 것보다 더 즐겨하는 남편이 자기 아들이 군대 갈 수 없게 되니 낙담한 기색을 감추지 못한다.

가까이 지내는 이의 아들이 군대 입대 후 첫 휴가를 나왔다. 우리와 저녁 식사를 하면서 그 아이와 군대 이야기로 신이 났다. '자기 아들과는 저런 이야기를 못하겠네.' 딱하게 되었다.

아들이 군대를 못 가게 되었으니 신이 나야 하는데 처음엔 다행이다 싶다가 슬슬 서운한 맘이 드는 것은 어쩐 일인가. 친구 아들들은 1급이나 2급인데 나만 아들을 제대로 키우지 못했는가 하는 열등감이 들기까지 했다. 마음이 복잡해진다. 아들이 신체 검사를 한 후부터는 입대 예정이거나 입대하는 아들을 둔 친구들을 만나면 할말이 없어졌다. 그들은 자기 아들의 전화를 받았느니, 훈련이 힘들었다느니, 면회 가서 만난 자기 아들이 여위었다느니, 경례를 멋지게 했다느니, 이렇게 눈이 오니 고생하겠다느니, 야간 훈련인데~. 등 온통 아들의 군 생활 이야기뿐이다.

이제 겨우 훈련병인 아들의 스케줄을 어찌 그리 잘 알고 있는지, 내가 대화 주제라도 바꿀라치면 섭섭해한다. 아들을 군대 보낸 지 며칠 안 되는 친구는 눈두덩이가 부석해져서 나온다. 아들 이야기하다가도 눈물이 그렁해진다.

같이 걱정하고 불안해하고 위로하던 난 막상 아들이 일반군에 갈 수 없는 등급 판정으로 할말이 없어졌다. 나와 같은 처지의 친구도 "우린 할말이 없네." 하면서 객쩍은 웃음만 흘리고 있다.

그 날도 군대를 보내거나 보낼 아들들 이야기로 다른 이야기는 할 겨를도 없었는데, 한 친구가 지나가는 말처럼 "눈이 나빠 공익요원으로 가야 하는데, 그 아이 아빠가 군대를 꼭 보내려고 눈 수술 시켜서 다시 재검 받았다더라. 몇 달 후 입대한 대."라고 한다. 다른 친구들은 자기 이야기하느라고 흘려들었을 텐데 난 그 말이 들렸다.

　내가 친구에게서 들은 이야기를 하니 남편도 듣고 왔는지 길게 이야기할 필요가 없었다. 아들도 원하고 해서 시력 교정 수술을 했다. 재신체검사 일정을 받았다. 아들의 생각이 제일 중요했다. 군대 가고 싶지 않은 것은 아니냐고 다시 물었다. "나중에 졸업 후 직장 동료나 선배하고 이야기할 때 남들은 '내가 말이야 유격훈련 받을 때 말이야'라며 떠들 때 '내가 산업기능요원으로 있을 때 말이야.'라고 하기는 좀 그렇지요." 아들의 말이 명쾌하다.

　미 영주권이 있는 청년이 일부러 영주권을 포기하고 군입대한다는 기사를 봐도 남의 일이라고만 생각했다. 내 일이 되고 보니 수천만 원 들여서 군대 보내지 않으려고 애쓰는 잘난 사람이 많은 세상에서 수술하고 치료하고 재검사를 받고 다시 군에 가려고 애쓰는 이상한 놈들도 많다는 것을 알았다. 아들이 군입대하면 부끄러운 동네가 있다는데 내가 사는 이곳은 군대를 못 가면 개운치 못하다고 하니 이상한 동네다.

−《제물포수필》 38집 상, 2001년

필화사건

 장을 보고 집으로 오는데 휴대폰이 울린다. 아들이다. 아들은 신문에 뭘 썼냐고 묻는다. 지레 놀라서 "왜? 부대에서 무슨 일 있었어?" 허둥거리며 물었다. 아들은 그런 일은 없다고 한다. 얼굴이 화끈거린다. 이렇게 뚝심 없는 내가 그런 일을 했으니 참말로 한심하다.
 군에 어렵게 입대한 아들이 육 주간의 훈련이 끝나면서 경찰학교에서 전투경찰로 배치 받기 위해서 또 2주를 더 교육받는다. 요즘은 전투경찰의 활동이 그리 위험한 것 같지는 않지만 도시에서, 게다가 먼지 가득한 시내 거리에서, 버스 안에서 몇 시간이고 있어야 하지 않는가. 아들이 그런 전투경찰로 복무해야 한다니. 그 누군가가 해야 하는 일이지만 화가 난다. 정말 화가 난다.

처음부터 전투경찰이 되려고 했다면 모를까 육군 입대하고는 전투경찰로 근무를 해야 하는 것이 왠지 부당하다. 그럼에도 육군 사이트나 경찰학교 사이트에 들어가 보면 그런 불만의 글을 올린 건 보지 못했다. 그러다가 아침 신문에 〈나 군대 간다〉라는 특집기사를 보았다. 그 지면에도 대단한 전투경찰에 대해서는 한 줄도 없었다.

군인이 되려고 하는 아들을 그들 마음대로 전투경찰로 배치했다. 전투경찰로 배치 받았다고 하면 '잘되었다.'고 말해주는 이가 아무도 없다. 편견이 빚은 오해일 수도 있겠지만 그만큼 그들의 상황이 열악하고 위험해서 원하는 사람이 없다는 뜻도 된다.

그 기사를 읽고 난 후 그 일간지에 독자투고란에 내 의견을 보냈다. '전투경찰이 육군인가, 경찰인가' 하는 제목이다. 오전에 서실書室에 갔다. 채본을 받고 있는 중 전화가 온다. 일간지에서 온 것이다. 내용에 손상되지 않는 범위 내에서 좀 줄여 게재하겠단다. 그 순간 목이 타기 시작한다. 아들에게 피해가 가지 않을까. 가명으로 할걸, 내용을 좀 순하게 바꿀걸, 지금 훈련받고 있는 곳을 쓰지 말걸.

다음날 새벽, 눈을 뜨자마자 신문을 찾았다. 내가 보낸 글의 제목과 좀 다르다 '전투경찰을 지원제로 하자'라고 바뀌었다. 남편은 출근하려다 말고 그 글을 대강 보고는 엘리베이터에 오른다. 뭔가 잘못된 것만 같다.

그날 저녁. 시장이다. 아직 전화하기 어려운 상황일 텐데 아들에게서 전화가 왔다. 훈련을 받던 중 '지도교관이 엄마 성함이 池자, 雪자 ~ 사람이 누구냐고 물었다.'는 것이다. 아들이 나가니 신문기사를 이야기하면서 엄마인 나에게 지도교관에게 통화해 달라고 했다고 전한다.

시장 보는 중 전화번호를 받아 적기도 어렵고 감정이 복잡하고 불쾌했다. 아이에게 통화하지 않겠다고 하니 선선히 "그러세요." 한다.

그 지도교관이 무슨 이야기를 하려고 했을까. 나에게 협박하려고 했나. 아들이 볼모로 있으니 나대지 말라고 하려고 했나. 내 아들을 외진 곳으로 끌고 가서 두들겨 팰까. 지금 시절이 어느 땐데 이런 바보 같은 생각을 할까. 머리를 흔들어 본다.

그날 저녁, 귀가한 남편의 눈치를 살핀다. 신문은 대강 읽고 출근했지만 아들에게서 전화 왔고, 교관이 나에게 통화 좀 했다는 이야기를 들으면 뭐라고 할까.

주저하면서 아들과 통화한 내용을 이야기했다. 남편은 사무실에서 인터넷으로 내 투고기사를 읽었다고 하면서 누군가 전화할 것이라는 짐작은 했단다. 그럴 가능성은 없지만 혹시 관계자가 아들을 육군으로 돌려 보내지길 원하냐고 물어오면 그렇게 하겠다고 하란다. 이런 이슈들도 여론화되어야 하는데 다들 귀찮은 일 생길까 말을 못하는 것뿐이라며 나보고 잘했단다.

요즘 대통령 아들도 검거되는 상황인데 '군에 가고 싶은 아들을 왜 맘대로 경찰로 만드냐.'고 전투경찰도 지원제로 하자는 의견을 낸 것뿐, 잘못한 일도 아닌데, 이 일로 우리 아들 괴롭힌다면 할 수 있는 한 다 동원해서 싸울 거야. 비장하게 마음을 다진다.

불안하다. 그 교관이 나에게 왜 전화를 하라고 했을까. '아들 맡긴 것이 걱정되세요. 잘 지내다 더 성숙한 사회인이 되어서 부모님께 돌아갈 겁니다. 믿으세요. ○○어머니.'라고 하려고 했을까.

이 순간은 어떤 사명감을 위해 투쟁하다가 잘못된다고 해도 용감하게 나갈 것 같다. 그런데 이 일로 내 아이에게 어떤 사소한 고통이 온다면 명분 있는 정의라도 용감할 수 있을까. 어지럽다.

그다음 날 '독자투고란'을 보았다. 짐작대로 내 글에 반박의 글이 있다. 어떤 젊은 경찰이다. 내 의견엔 동감하지만 전투경찰이 육군이 아닌 것으로 생각하는 점은 잘못이며 전경으로 근무하면 어떤 점이 좋은지, 자기의 글로 전투경찰인 아들을 걱정하는 부모들에게 위로가 되면 좋겠다는 말로 끝을 맺었다. 나에게 전화를 해달라고 했다는 그 교관도 그 이야기를 하려고 하지 않았을까 하는 생각이 문득 든다.

여전히 독자투고에 보냈던 그 글에 대한 내 의견은 변함 없지만 또다시 반기를 들 분기탱천하던 용기가 슬그머니 꼬리를 내렸다. 나 같은 이들만 이 대한민국에 산다면 지금 우리나라는 어떤 상황일까. 나의 필화사건은 이렇게 막을 내렸다.

― 2002. 5. 28.

찜질방 풍경

　다시 날씨가 무척 차가워졌다. 온몸이 꽁꽁 얼면 찜질방 생각이 절로 난다. 문 앞에 전자 숫자가 팔십이라고 반짝거리는 소금방에 온몸을 누이면 이보다 더 좋을 수 없다. 평일이고 휴일이고 구분 없이 많은 이들이 이곳에서 뒹굴거리며 여유 부리고 있다. 초등학교 다니는 아이가 하교하면서 자기 엄마가 있는 찜질방으로 찾아와 오후를 함께 보내기도 한다.
　찜질방은 우리나라만의 문화라고 한다. 온돌방을 좋아하는 문화에서 나온 아이디어 상품이리라. 화병·온돌·김치·태권도 등이 한국만의 것이라 우리말 그대로 영어사전에 등재된 것처럼 '찜질방'도 그러지 싶다.
　남녀가 따로 있을 수밖에 없는 대중목욕탕과 달리 찜질방은 남녀가 헤어지지 않아도 된다. 편한 실내복을 입은 친구들이나 친지들이 한자리에 모여 간식을 먹으면서 부담 없이 지낼 수 있다. 각 지역의 찜질방은 여행객들의 저렴하고도 편안한 쉼터가 된다. 찜질방 때문에 숙박업이 불경기라는 하소연이 나올 정도다.

오늘도 하루 종일 난방이 시원치 않은 건물 안에 있었더니 찜질방 생각만 난다. 내가 이용하는 헬스센터는 찜질방도 함께 사용할 수 있다. 겨울 들어서 운동은 뒷전이고 지뿌둥한 몸을 찜질하느라 열심이다.

넓은 마루에 사람들이 갖가지 모습으로 있다. 상상 속의 피난지 같다. 누워있기도, 비스듬히 기대앉아 텔레비전을 시청하는 이들, 귤이나 삶은 달걀을 먹기도 한다. 도시락을 가져와 김치통 뚜껑을 조심스럽게 열었다가 닫으면서 점심식사를 하는 노인들도 있다. 몰려다니면서 떠드는 아이들, 주위 시선 아랑곳없이 서로 팔을 두르고 누워있는 청소년들이 있다.

잠을 자는 척하는지 잠이 들었는지 끌어안고 잔다는 표현이 맞는 그런 젊은이들이 곳곳에 있다. "분리! 해체!"라고 소리치고 싶다. "야들아, 느그들 사생활을 그렇게 공개하면 쓰것냐."라고 한다면 아마도 저 아이들은 "아줌마가 여기 다 세냈어요? 우리 엄마라도 돼요?"라고 달려들지도 모를 일이다. 이곳에서 일하는 아주머니가 언젠가 그런 젊은이에게 한마디했다가 봉변을 당하기도 했으니.

왔다갔다하면서 곱지 않은 눈길만 줄 뿐이다. 나이든 이들은 대부분 그냥 지나치지 않고 귀먼 이야기 한마디씩 중얼거리며 흘겨보고 지난다. 저렇게 좋으면 여기서 그러고 있나. 뉘 집 딸인지 걱정이다. 공통점은 '뉘 집 아들인지 걱정되네.'가 아니고 '뉘 집 딸'만 걱정한다. '네티켓'이니 '스티켓'이니 하는데 '찜티켓 캠페인' 이야기도 나오지 않을까 싶다. 그러거나 말거나 그 아이들은 덥지도 않은지 서로 안은 채 계속 잔다.

왜 저 아이들이 그러면 안 된다고 생각하는 건지. 나에게 피해 주는 것도 없는데 내 눈에 거슬리는 것은 내 편협된 시각 아닐까. 저들이 공연윤리심의에 걸릴 짓을 하는 것도 아닌데. 파릇한 젊음이 샘이 나는지도. 개인주의보다 공동체 의식을 높이 사는 우리 정서가 참견하고 싶어 그러는지도. 피 끓는 청춘이 공개된 장소에서 데이트하는 것이 오히려 더 건전할 수도 있지 않은가. 노래방이나 DVD 방 등등 밀폐된 곳에 있는 청소년들도 있지 않은가. 이렇게 주변을 둘러보며 혼잣말로 이런 참견 저런 참견하다 보면 시간이 정신없이 지나간다.

텅 비어있던 곳이 점점 가득 차더니 드디어 남녀가 구분 없이 누워있게 생겼다. 얼굴을 수건으로 가리고 자다가 나는 누군가 내 곁에 눕는 듯하면 여자인지 남자인지 자동으로 살피게 된다. 불문율처럼 남자들이 누워있는 곳에는 여자들이 가지 않고 여자들이 누워있는 곳에는 남자들 역시 발길을 돌린다. 적당한 자리가 없다면 들어왔다가도 나가고 말지 이성들 사이 비집고 들어오지는 않는다. 아프가니스탄만큼은 아니지만 여전히 남녀유별이다.

그럼에도 인기 있는 소금방에서는 누워있는 이가 여자인지 남자인지 살피지 않고 빈자리만 있으면 다리까지 쫙 벌리고 눕는 남자도 가끔 있다.

언젠가는 잠깐 잠이 들었다가 눈을 떠보니 옆에서 씩씩거리는 숨소리가 들린다. 남정네가 땀을 흘리면서 자고 있다. 그 아이들은 서로 좋으니까 가까이 누워 있는데 아줌마인 나는 일면식도 없는 남정네와 함께 누워있는 처지가 되었다.

과격 무슬림 국가에서는 나는 완전 스토닝*에 처해져야 한다. 황당한 상황이다. 소스라치며 일어나서 흘겨본다. 그런데 그가 나의 표정을 보았다면 "댁이 여자로 보였으면 내가 곁에 누웠겠소."라고 중얼거릴지도 모르겠다. 이 남자가 나를 여자로 보고 곁에 누웠다면 '엉큼한' 놈이고 '제삼의 성'인 아줌마로 보고 아무 생각 없이 누웠다면 그 또한 억울할 일이다. 이를 어쩌란 말인가.

-《제물포수필》 48집 하, 2006년

*스토닝: 이란 등에서 여성에게 행해지는 명예살인으로 돌로 살해한다. 여성이 집안의 명예를 더럽혔다는 이유로 웅덩이를 파고 그곳에 여인이 들어가고 여인이 꼼짝 못하도록 다시 흙으로 채워 넣는다. 그리고 여인의 팔은 뒤로 결박을 한다. 그리고 그 여인에게 투석형을 위해 마을 소년들이 주워 놓았던 돌들을 가족이 던지는 것을 시작으로 마을 사람이 던진다.

5부

히에라폴리스의 유령들

만남
시엠립으로 가는 길
착각
그들의 기도
히에라 폴리스 유령들
던져버린 체면
중국 - 한눈 팔기 5박 6일
산티아고 콤포스텔라를 그리며

만남

"우리 만남은 우연이 아니야~." 수십 세기 건너에 있던 공연장에서 이십일 세기의 여인들의 노래가 퍼진다. 서른한 명의 아줌마들은 〈만남〉을 후렴까지 열심히 불렀다. 대한민국 아줌마들은 노래가 끝나자, '대한민국' 박수까지 신나게 쳤다. "대~한민국! 짜짜짜짝짝!" 공연스레 가슴이 벅차오르는 건 뭔가. 남의 나라에 가면 절로 애국자가 되어버린다는데. 지나던 다른 나라 관광객들은 어리둥절한 표정이더니 환한 미소와 박수로 우리의 노래에 답례를 한다.

이곳에 올 때마다 한 명 정도는 이 노천극장에서 노래를 부를 수 있는 기회를 준다고 했다. 고대 로마시대에 만들어진 극장에서 이십일 세기에 살고 있는 그것도 십수 시간 와야만 하는 이곳에서 노래를 할 수 있다는 일은 멋지다. 내가 조금만 노래를 잘할 수 있었다면 극장 가운데 서서 한 소리 뽑았을 텐데 그럴 능력은 없으니, 우리 일행 중 누군가 나서는 것을 부러워할 뿐이다. 안내자는 역사가 깊은 이곳에서 노래 부를 기회는 평생 다시 오지 않는다고 부추기지만, 부르기로 했던 이가 목이 아프다면서 사양을 한다. 그 바람에 다 함께 객석에 앉아 국민가요가 된 〈만남〉을 부르게 된 것이다.

자리에서 일어나 무대로 내려왔다. 모두들 아쉬운 듯 객석을 향해서 나름대로 노래를 불러본다. 소리가 멋지게 울려 퍼진다. 나라도 해볼 걸 그랬나. 아쉽다. 우리 일행만 있었는데. 그런 생각은 나뿐만 아니었나 보다. 하라고 할 때 할 것이지.

셀주크에베소 원형극장이다. 이천여 년 전에 만들어진 이 무대는 이만여 명을 수용할 규모로 토론장이나 공연장으로 사용되었다고 한다. 무대에서의 육성이 저 꼭대기까지 들리도록 건축되었단다. 고대의 건축술과 현대의 고도화 되었다는 기술은 이천 년의 시간을 찰나로 만든 것 같기만 하다.

성악가 파바로티도 매년 이곳에서 공연을 한다고 한다. 하늘을 찌를 듯 울려 퍼지는 그의 노래가 어디선가 들리는 듯하다. 에베소 원형극장에 서 볼 수 있는 기회를 놓친 그녀의 얼굴을 힐끗 쳐다본다.

이천여 살이 되었을 돌덩이들은 자신들을 깔고 앉았던 이들을 다 새기고 있을까. 그 돌맹이들에게는 우리나 그 시절의 누군가나 시간의 차이를 느끼지 못하리라. 뜬금없는 이야기지만 이천 년은 우주의 시간으로 본다면 지구는 하루 중 오 분에 해당한다니, 이론으로 보면 그렇지만 아무튼 긴 세월을 지키고 있던 이 자리에 있다는 생각에 현기증이 인다.

극장 너머로 들판이 보인다. 풀들만 제멋에 겨워 바람에 이리저리 흔들거리고 있다. 그때는 이 앞으로 물이 넘실거리고 있었다고 한다. 배가 정박하기도 하고 바다를 향해 떠나기도 했을 이곳에 그 시절의 시민들이 드나들고 귀족들보다 더 귀한 대접을 받고 살았다던 매춘부들이 이곳을 화려하게 수놓고 다녔으리라.

회자정리 거자필반會者定離, 去者必反. 서예 동아리 활동을 할 때 썼던 작품 글귀가 떠오른다. 그 시절에 있던 이가 혹시 지금 이곳에 있을지도. 현세에 만났다 헤어지면 내세에 다시 만날 수도 있지 않겠나. 지금의 나는 찰나의 만남부터 수십 년 함께하는 갖가지 만남으로 살아가고 있다. 몇 천 년을 그대로 있는 이 공연장, 내가 서 있는 이곳에 같은 시간 함께하고 있지 않지만, 공간적으로 한자리에 있었을 이들은 무엇을 하며 이 자리에 있었을까. 머리로 여러 가지 그림을 그려보고 지운다.

끊임없이 만나고 헤어지고 그렇게 삶은 흘러간다. 내가 사라진 뒤에도 계속 흘러가리라. 지금부터 이천 년이 지난 어느 날 누군가 〈만남〉을 부르는 우리의 목소리를 세월 넘어서 들을지도 모를 일이다.

칠 일간의 여행이 끝났다. 이타투르크 국제공항이다. 인천을 떠날 때 들고 왔던 가방이 다이어트에 실패했다. 엄청나게 부풀어 있다. 내 앞에 있던 이는 소지품 검색대에서 가방을 다 풀어헤쳐야 했다. 엄청난 값어치의 유물을 몰래 숨겨나가는 이 없건만, 화가 날 정도로 철저하게 검색한다.

그곳을 나와 이번에는 출국신고를 하기 위해 줄을 섰다. 가장 짧은 줄에 가서 섰다가 옆줄이 좀더 빨리 빠져나가는 듯해서 다시 그곳으로 옮겼다. 이번에는 이곳이 속도가 둔해지더니 아예 정체되어 버렸다. 줄을 바꾼 우리 일행은 철새마냥 옮겨 다니다 낭패를 봤음에도 아닌 척 마냥 기다린다.

우리와 함께했던 가이드는 우리가 출국하지 못하고 있으니 자리를 떠나지 않는다. 우리들은 그만 가라고 손짓을 하지만 자리를 지키고 있다가 억지로 걸음을 돌리는 그의 등이 쓸쓸해 보이는 것은 나만의 생각이 아니었다. 어머니 연배가 되는 우리와 움직이다 보니 집 생각이 무척 났는가 보다.

화장실을 갔던 우리 일행이 가이드와 마주쳤는데 그가 울고 있더란다. 부모님과 집이 얼마나 그리우면 우리를 보내면서 그럴까. 아들을 유학 보낸 이는 덩달아 눈물을 흘린다.

　우리가 즐겁고 유익한 여행이 되도록 애쓰는 그는 긴 시간 버스 이동 중에 가끔은 자기 생활도 양념으로 이야기를 하곤 했다. 김치찌개가 먹고 싶은데 김칫국물뿐이라면 그 국물에 양배추를 넣어 김치찌개 흉내를 낸단다. 룸메이트 중 누구에게 김치가 한국에서 공수되어 오면 그날은 축제날이나 마찬가지라고 한다. 졸업하자마자 들어간 직장을 IMF 구조 조정으로 사촌이 있는 이곳에서 터를 잡게 되었다고 한다.

　그는 여전히 자기 어머니와 비슷한 이들을 안내해주고 나면 헤어지면서 눈물을 흘릴까. 그렇다면 그 총각 심장은 다 녹아버렸을 것이다. 이제는 좀 때가 타고 영악해져서 '회자정리 거자필반'을 중얼거리며 공항을 떠나는 여행객이 등도 돌리기 전에 콧노래 부르면서 돌아서고 있을 것이다.

　함께 같은 노래를 들어도 어떤 사람에게만 특별한 것을 떠올리게 하는 노래가 있다. 어떤 노래는 떠나간 첫사랑이 생각난다든가, 또 고등학교 때 절교한 친구가 생각난다던가, 돌아가신 아버지를 떠올리게 하는 어떤 노래가 있다던가.

　〈만남〉은 우리들을 배웅하면서 눈물짓던 여행 안내자와 고대 원형극장을 떠올리게 하는 노래다. 십수 시간을 날아갔다가 오니 어느덧 '만남'은 사라지고 다른 노래가 나오고 있다.

―《제물포수필》47집, 2006년

시엠립으로 가는 길

 각오를 단단히 해야 한다. 캄보디아 국경에서 시엠립까지 버스로 열두 시간 걸린다고 한다. 이른 아침임에도 후텁지근한 공기가 얼굴을 돌리게 한다. 태국 국경의 도시 아란에 있는 숙소를 나왔다. 버스로 잠깐 움직이니 캄보디아 국경 검문소다. 이곳부터 걸어서 캄보디아로 넘어간다. 오전 9시부터 국경을 출입할 수 있다. 이미 많은 사람들이 넘어오고 넘어간다.
 입국증과 여권을 보이고 시골 역사 같은 출입국 관리소를 지나왔다. 이곳부터는 캄보디아다. 골프 우산을 든 소녀들이 관리소를 거쳐 온 관광객들 머리를 씌워준다. 필사적이다. 이미 들은 대로 "NO!" 했더니 선선히 물러서 다른 이의 머리를 가린다. 착한 남자는 거절하지 않고 작은 그늘의 대가를 지불한다. 그 순간 많은 캄보디아 꼬마들이 그 남자 주변을 에워

싼다. 거리가 어지럽다. 그 아이들은 작은 손을 내밀면서 "one doller!"라고 외친다. 무더운 날씨와 몰려드는 아이들은 캄보디아에 도착했음을 알린다.

가이드 말대로 캄보디아 버스는 작다. 도로 사정상 이곳을 다니는 버스만 그렇겠지만, 우리나라 마을버스를 수입했다는 것을 증명하려는 듯 이동하려고 올라탄 버스엔 "차내에서는 음주와 가무를 할 수 없습니다."라는 우리말 안내판이 그대로 있다. 더 좋은 차라는 것을 증명하고 싶어 일부러 그런 부착물을 지우지 않는다. 한국에서부터 그렇게 왔는지 망가진 의자도 몇 개 보인다.

차는 요동하고 있다. 가이드는 지금 이것은 별것 아니라고 겁을 준다. 흔들거리면서 버스는 캄보디아 거리 모습을 뒤로 물리치고 있다. 냉방을 하고 있지만 후텁지근하다. 차라리 창문을 열고 가면 어떨까 하니 그래도 냉방을 하고 가는 편이 낫다고 한다.

점심을 위해 중간에 내렸다. 지저분한 식당과 울긋불긋한 장식들이 식욕을 떨어뜨릴 만도 한데 모두 열심히 먹는다. 긴 시간 버스 안에 있어야 한다는 생각으로 에너지를 비축하자는 마음인 듯하다. 버스가 조금더 달리니 거리에 자리 잡고있는 사람들이 신호를 보낸다. 버스는 정차하고 현지 안내인은 그들에게 돈을 건낸다. 마을과 마을을 지날 때마다 통행료를 내야 한다. 봉이 김선달이 이곳에 나타났는가. 김선달은 대동강 물이라도 떠 가게 했는데 그들은 있는 길 지나가는 데 돈을 내라고 한다.

길가에 늘어 있는 가게들이 뒤로 간다. 식용유를 담은 병을 진열한 가게인가 했는데 휘발유를 담은 병이라고 한다. 무너질 듯한 이발소에 단정해 보이지 않는 이발사에게 머리를 맡기고 있는 사람, 먼지가 뒤덮인 과자봉지를 진열한 구멍가게 주변에서 이야기하는 사람들이 지나간다. 태국의 학생들 교복과는 달리 후줄근한 차림의 초등학생, 중학생들이 자전거로 도보로 몰려나온다.

비포장도로에 우기 끝이라 곳곳이 크고 작은 물웅덩이가 보인다. 버스가 심하게 덜컹거린다. 이건 시작에 불과하단다. 도대체 그게 어느 정도인가. 겁이 나기 시작한다. 차가 이리저리 기우뚱하면서 아슬아슬하게 굴러간다. 머리가 천장에 닿을 정도로 뛰기도 한다. 비명이 터져 나온다.

가이드는 지금부터는 설명할 수 없다면서 자기 자리에 앉는다. 물웅덩이가 나타났다. 물웅덩이 주변에는 사람들이 몰려있다. 재미로는 불구경, 물구경이라고 하지 않는가.

우리가 탄 버스 기사에게 그들이 손짓을 한다. 수신호로 방향을 일러주는 듯하다. 사실 그들이 안내해주지 않아도 기사가 잘 갈 수 있다. 심하게 요동을 치더니 버스는 무사히 물웅덩이를 지나왔다. 우리는 기사의 성공에 환호와 박수를 쳤다. 그 박수는 지루하고 불편한 시간을 보내는 우리 스스로에게 보내는 나름의 안간힘이기도 하다.

웅덩이 주변에서 대단한 친절을 베푸는 그들 중 한 사람이 운전석으로 다가와 몇 마디 하더니 지폐를 받는다. 그렇게 길 안내를 하고 돈을 요구한다. 이런 곳이 몇 군데 더 있다니 산 넘어 산이다.

우리나라의 가이드가 있지만 현지인을 한 명 채용해야 한다. 자국민의 일자리 정책 때문인 듯하다. 이는 캄보디아뿐 아니라 동남아의 많은 나라가 여행자 안내인으로 현지인을 고용하게 한다. 일자리가 모자라 물웅덩이에서 주민들이 길 안내를 하고 푼돈을 받으려는 아이디어가 눈물겹다. 일부러 웅덩이를 메꾸지 않고 있다고 하는데 믿기지 않는다.

도로 양쪽에는 논들이 펼쳐진다. 삼모작이 가능한 이곳은 직파법을 이용한다. 논에는 푸른 이삭들이 어지럽게 흔들리고 있을 뿐, 사람들을 볼 수가 없다. 우리나라에선 보지 못했던 경고 그림이 궁금했는데 '케이블이나 전선이 매장되어 있는 곳이므로 삽질을 삼가라.'는 안내 표지이다.

해가 고개를 숙이기 시작했다. 뒤따라오는 버스가 미처 웅덩이를 지나오지 못해 우리는 잠시 내렸다. 바람도 사라졌다. 푸른 나무와 넓은 논에 출렁이는 푸른 벼 잎들 그리고 높은 하늘이 있다. 우리나라와 다른 분위기다. 그게 무엇일까.

더 어두워지기 전에 그 마魔의 웅덩이를 통과해야 한다. 해는 이미 누울 준비를 다 했다. 며칠 전만 해도 우기雨氣가 다 끝나지 않아 이보다 더 힘들었다고 한다. 이보다 더 나쁜 상황이라니 허리가 아프기 시작한다.

물웅덩이에 다다를 때마다 그곳 주민과 우리 현지 안내인이 옥신각신한다. 좀전에 주고 왔는데 또 주느냐 하는 듯하다. 관광객을 태우고 다닐 때마다 저렇게 다툰다면 엄청난 에너지 낭비다. 서로가 절박한 상황인가. 혹시 그들은 이를 즐기고 있는지도 모른다.

마지막 웅덩이를 지나왔단다. 이미 밤은 깊었다. 길이 조금씩 편안해지더니 드디어 포장도로가 나왔다. 불빛도 보인다. 앙코르와트가 있는 시엠립에 도착했다. 허리병이 도진 이들이 몇 된다. 의지와 상관없이 온몸이 열두 시간 움직이는 작은 버스 안에서 부딪히고 튀어 올랐다. 창가에 기대고 있던 오른팔이 묵직하고 통증이 느껴진다.

늦은 밤, 압살라 전통 민속 쇼를 하는 무대 식당에서 캄보디아 맥주로 우리의 무사 귀환을 위하여 "건배!"

— 2002. 11.

착각

    비가 내리고 있었다. 앙코르와트 관광 일정이 다 끝나고 태국으로 다시 간다. 입고 있던 비닐 우비는 이미 여러 곳이 찢겨져 있다. 캄보디아 국경이다. 많은 사람, 좌판, 자전거, 버스들이 뒤엉켜 있다. 전쟁 때 피난민 행렬이 이러했으리라. 국경 마을 근처의 카지노 겸 식당에서 점심을 먹었다. 태국에서 캄보디아에 입국할 때 불편한 일들이 있어 국경을 통과할 일이 지레 겁이 났다.

    버스는 캄보디아 출입국관리소 저 너머에 있다. 일행을 놓칠새라 바삐 움직였다. 드디어 그들이 하나 둘 우리 곁에 다가선다. 너무나 마른 아이들이 커다란 눈동자를 반짝이며 손을 내민다. 그 아이들은 이 비를 고스란히 맞고 있다. 부모에게 안겨 있어야 할 아이들이 인형을 차듯 갓난아기들을 허리에 차고 있다.

 이들을 피해서 국경시장에 정차해 있는 버스에 올랐다. 버스 안에서 밖을 보고 있는 우리와 눈이라도 마주치면 자기 허리에 매달고 있는 아기를 추스르면서 애처로운 눈길로 손을 내민다.

 그 아이들은 아기가 비에 맞지 않도록 비닐로 감싸거나 우비를 입고 그 우비로 아기를 가린다. 우리에게 슬픈 눈으로 손을 내밀다가도 생각난 듯 자기가 안고 있는 아기와 눈을 마주치고 웃기도 하고, 아기가 울면 들고 있는 우유병을 아기 입에 넣어 주기도 한다. 그러다 버스 안에 있는 우리에게 그 아기를 보라고 비닐 자락을 들쳐 보인다. 언제 구걸을 했냐는 듯 안고 있는 아기를 어르고 있는 아이도 있다. 그 아기는 방긋 웃고 있다.

 태국을 지나 캄보디아 육로로 들어가는 여행객들은 그리 여유 있는 이들은 아니다. 항공기로 베트남을 통해 들어오는 편안한 일정을 마다하는 이들은 저렴한 여행비의 유혹으로 배낭여행을 하는 학생이거나 우리 같은 알뜰 여행객들이다. 그런데 이 또한 이곳에선 사치고 허영이다.

 자리 다툼을 하는지 그새 우리가 못 보던 아이가 버스 앞에 다가서니까 그 자리에 있던 여자아이는 매서운 눈길로 나중에 온 아이에게 화를 내더니 곧바로 표정을 바꿔 애처롭고 귀여운 눈 웃음으로 우리에게 '원 달러' 한다.

열 살 정도 된 아이가 우리 일행의 배낭을 열려고 한다. 버스 안에서 나는 비명을 지르지만 그는 모르는 눈치다. 잠시 후 그도 뭔가 이상한지 뒤를 돌아보다가 자기 가방을 열려는 것을 본다. 가이드는 늘상 있는 일인지 별로 놀라지 않고 동생의 머리를 쥐어박듯 그 소년의 머리를 콩 친다.

이 나라 왕은 뭘 하는가. 하긴 가난은 나라님도 구하지 못한다는 말이 있지. 나라님들이 책임 회피하려고 하는 건 아닌가. 그 나라님은 암 치료하러 어디 선진국에 가 있다고 한다. 이 많은 아이들과 안고 있는 아기들은 어떻게 되는가. 이 구걸도 예닐곱 살 정도까지만 가능하단다. 더 나이를 먹으면 무엇을 하면서 살까. 여행객 배낭에 손을 댈까.

캄보디아에 태어나지 않은 것이 다행이라고 생각하는 내가 유치하다. 인간 의지대로 되는 일이 얼마나 되나. 아기들이 선진국에서 태어날 수도 있고, 내가 캄보디아인으로 '원 달러'를 외치고 있을 수도 있다. 영혼이 태어날 때 이미 결정되어 이 나라 저 나라에 나타나겠지. 내가 조금 나은 국가에서 태어났다고 '불쌍하다느니 국왕이 백성을 비참하게 살게 하느니'라고 중얼거리면서 끔찍하다는 눈초리로 그들을 바라보는 내가 과연 그들을 얼마나 잘 알고 있다고.

  국경에서 구걸하거나 우산을 씌워주는 대가를 받는 그 아이들이 몸은 고달프지만 내가 알량하게 생각하는 것만큼 비참하지 않을지도 모른다. 캄보디아도 언제까지 이렇게 살겠는가. 그 아이들은 해가 지면 동생과 부모가 있는 집으로 돌아가서 모자란 저녁을 나누어 먹으면서 가족과 자기가 본 것을 이야기를 하며 행복해 할 것이다. "오늘 내가 일 달러 달라고 손을 내미니까 도망가는 엄청나게 덩치 큰 아줌마가 너무 웃겼어."

-《제물포수필》41집, 2003년

그들의 기도

　비가 부슬부슬 내린다. 오늘은 카파도키아다. 비가 오는 카파도키아는 신화의 한 장면이다. 이곳은 터키 앙카라에서 삼백이십여 킬로미터 떨어진 곳이다. 현실이 아닌 듯한 지금의 이 모습은 이 지방에서 가장 높은 산인 에르지에스 산의 화산에서 분출한 용암이 비바람의 풍화작용 등으로 깎여서 이렇게 특이한 모양으로 형성된 곳이라고 한다.

　비둘기 계곡 우치히사르 성은 '모서리에 있는 성'이라는 뜻으로 주변에 있는 마을과 조화를 이루고 있다. 이곳은 여행하는 사람들이 서로 다투어가며 사진을 찍으려고 하는 곳이란다. 나도 화면을 보며 이곳저곳에 대고 셔터를 누른다.

　데린구유로 움직인다. 마을과 지하와 연결된 '깊은 우물'이라는 뜻을 가진 데린구유는 지하 도시로 사암 위 화산암으로 덮인 곳이다. 그들은 기독교 박해를 피해 이곳으로 들어왔다. 삼만여 명을 수용한다고 하기도 오만 명을 수용할 수 있다고 하는 걸 보니 굉장한 공간이다.

데린구유를 발견하게 된 사연은 싱겁다. 농부가 닭들이 자꾸 사라져서 이상히 여기다가 또 한 닭이 이곳으로 들어가는 것을 보고 쫓다가 지금의 이곳을 발견하게 된 것이란다.

튀르키예인 가이드가 입장권을 사 온 후 우리는 지하 도시 입구로 갔다. 좁은 길을 한참 내려가야 한다. 미로가 많아 잠시 한눈팔면 길을 잃을 수도 있다. 몇 만여 명이 살던 곳이니 지하 공간이 단순하지는 않겠지. 각국의 여행객들이 자기 나라 말로 하는 가이드의 안내를 듣고 있다. 우리는 한 무리의 여행자들이 있던 그 자리에서 우리말로 설명을 들었다.

그들은 이 지하에 자신의 터전을 만들었다. 그들은 저들의 삶을 위해 끌과 망치로 팠다. 손끝으로 긁어 본다. 바위가 조금 부스러진다. 우리네 화강암처럼 단단하지는 않다. 보통 동굴은 습기가 차고 물이 줄줄 흐르는 곳이 많은데 이곳은 보송보송하다. 불투수층이라는 흙의 성질로 물이 스며들지 않기 때문이란다.

기도실과 집회실과 세례를 주는 곳 그리고 신학교가 있다. 음식물 저장고와 포도를 밟으면 액이 흐르도록 설치가 된 포도주 공장이 있다. 포도주 공장이란 말을 듣는 순간은 이런 컴컴한 지하 동굴에서 웬 사치라는 생각을 했으나, 포도주를 만들 수밖에 없음은 물이 부족해서란다. '그들은 그럴 수밖에 없다.'라는 말을 잠시 잊었다. 언제나 내가 옳다, 나와 다르면 비난하는 버릇이 또 나오려고 한다.

아래로 깊게 뚫린 곳이 있다. 들여다보니 바닥이 보이지 않는다. 어둡기도 하고 깊기도 해서다. 우물이다. 이 우물은 식수 공급뿐 아니라 이곳 지하 동굴에 신선한 공기를 제공하는 역할을 하기도 한다. 가이드가 작은 돌을 던져본다. 돌이 떨어지는 소리가 한참 후에 희미하게 들린다. 그 세월 지하의 아이들도 돌을 던지면서 돌 떨어지는 순간과 떨어지는 소리 사이의 간극을 즐겼을지도. 오물을 버리는 곳, 아스라이 동전만 한 하늘이 보이는 환기통도 있다. 똑바로 누우면 겨우 몸을 누일 수 있는 침실 공간이 보인다.

벌을 받는 곳도 있다. 집단생활에서 규칙을 어긴 이들을 이곳에 묶어놓고 벌을 주는 곳이다. 벌을 받아야 할 이의 두 팔과 다리를 벌리게 하고 세워놓는다. 동굴 안의 길목이어서 오며 가며 사람들이 쳐다보게 되는 그곳에 매달린 이는 죽을 맛이었을 것이다.

시체실이다. 관 크기의 땅이 네모지게 파여 있다. 시체실로 들어오는 곳은 어둡고 냄새도 지독하다. 아무래도 칠팔백여 년 전의 시신 냄새인 듯하다. 죽으면 보관되어 있다가 바깥세상으로 내보내진다고 한다. 그곳의 많은 이들이 어느 날인가 생명이 다하면 밧줄에 끌려 지상으로 올라갔겠지. 죽은 이들은 어떤 병이나 사고로 죽었을 텐데 그들의 혼은 지금 어딘가를 돌고 있을까. 혹은 간절한 기도가 응답해 이미 그들의 천국에 있으리라.

햇살이 따갑다. 추적거리던 비는 그쳤다. 괴레메 석굴 교회로 몸을 움직였다. 지금은 정리해서 석굴 교회가 삼백예순다섯 개가 있다는데 그전에는 얼마나 많이 있었다는 것인가. 그 많은 교회는 각각의 이름이 있다. 사과나무가 있어서 사과나무 교회, 샌들 자국이 있어 샌들 교회 등 교회 이름도 재미있다. 교회마다 성화가 그려져 있다. 돌벽에 변하지 않는 물감으로 성화를 그린 이들은 어떤 간절함을 갖고 작업을 했을까. 그들도 사랑하고 기뻐하고 슬퍼하고 화내고 먹고 자고 그렇게 살았겠지. 그 많은 석굴 교회에 저렇게 섬세한 성화를 그리는 그들의 기도는 성화를 그리는 동안 이루어지고 말았으리라. 이루어지지 않았다면 그 신은 그들이 사랑하는 신이 아니리라. 카파도키아의 지하교회와 괴레메 석굴 교회의 많은 흔적은 몇 백여 년 전에 살던 이곳에 있던 이들의 간절함이다.

우리나라도 많은 곳에서 마애불을 볼 수 있다. 험한 산 바위에 어떻게 저런 조각을 했을까. 그들은 제대로 서 있기도 어려운 바위에서 마음에 있는 불상을 그리듯 새겼으리라. 그 원願이 개인적인 바람이기도, 그 시대의 원일 수도 있을 것이다. 나의 안녕은 그들 일신의 안일 따위는 안중에도 없는 그들의 기도 덕분일 수도 있겠다. 지금도 어디선가 기도하는 마음으로 흔적을 남기느라고 애쓰는 이들이 있겠지. 그 막연한 믿음으로 나는 오늘도 편안하다.

―《제물포수필》 44집, 2004년

히에라 폴리스 유령들

그때 나의 영혼은 어디를 헤매고 있었을까. 까마득한 세월의 흔적을 보고 있다. 지금 이 시간 긴 세월 저 너머 어느 별에선 빛나는 고대 도시가 존재하는 그 시간의 빛을 보고 있으리라.

튀르키예에서 사흘째 보내고 있다. SF영화에 나옴직한 카파도키아 골짜기를 지나서 히에라 폴리스 유적지에 당도했다. 기원전 190여 년 전에 이곳 고원 지대에 건설된 히에라 폴리스는 '신전의 도시'라는 뜻이란다. 로마시대로 넘어오며 기독교 왕국으로 번영하다가 몇 차례의 지진, 한파, 질병 등으로 14세기에 폐허가 되었다는 곳이다.

안내인이 이미 설명한 바대로 돌기둥과 벽들의 모양새로 보아 공연장과 목욕탕이었음이 분명하다. 수로와 환기장치 등의 흔적들은 당시의 고급스런 수준을 말하고 있다. 수천 년의 세월이 그 문명의 건물을 저리 만들었으리라. 어루만지는 돌덩이에서 그때의 영광과 번영을 상상한다. 돌덩이들은 무덤덤하게 자신을 어루만지는 우리를 바라보며 무엇을 말해주고 싶었을까. 풀밭 사이에 모습을 나타내는 새빨간 양귀비꽃만 그 시절의 화려함을 말해주는 듯이 정열적인 여인이 빨간 치마를 휘두르며 춤을 추는 것처럼 요란스레 바람에 흔들거리고 있다.

건너 길에는 석관묘가 어지럽다. 크고 작은 그 석관들은 뚜껑이 열려있거나 깨어진 채 얼기설기 어우러져 있다. 그 묘들은 긴 세월을 이야기하는 듯 먼지와 이끼로 뒤덮여 뒹굴고 있다. 삶과 죽음이 함께하고 있는 곳. 사진작가인 친구는 그 많은 것들을 필름에 담느라 날아다닌다. '아휴! 여길 혼자 와서 시간을 두고 천천히 찍어야는데.' 하며 무척이나 아쉬워한다.

이 도시는 몸에 좋은 성분이 듬뿍 들어있는 온천수가 그 시절부터 흘렀다. 공중목욕탕이 건설되었고 류머티스, 심장병, 신경통에 효험이 있는 이 온천수로 귀족들은 병을 고치기 위해 이곳에 왔을 것이다. 지병을 치료하던 이들 가운데 완치가 된 이도 있을 테고 병이 악화되어 이곳에서 생을 마감하기도 했을 것이다.

지금 보고 있는 흐트러진 석관묘는 치료하다가 떠나간 그들의 것이다. 귀족들의 지위에 따라서 묘의 크기도 재료도 달라진다. 고위층이었으면 큰 묘에 질 좋은 대리석일 테고, 아니면 부근의 돌로 만든 좀 작은 묘를 차지하고 누워있으리라. 당시에도 도굴이 심했는지 높은 귀족의 부장품이 요란한 묘일수록 입구를 두터운 돌로 봉쇄하여 입구를 찾지 못하게 만들거나 "이 묘를 도굴하는 자는 후손을 절대 얻을 수 없으리라." 하는 저주하는 글이 새겨져 있단다. 한자리한 분들의 집안 묘는 왕릉 부럽지 않고, 서민들은 한 몸 뉘기도 어려운 현실을 보면 예나 지금이나 사람 사는 것은 비슷한 모양이다.

도시의 언덕 아래에도 칼슘, 중탄산염이 풍부한 온천수가 위에서부터 흘러내려 자연스런 계단식 온천 수영장이 만들어졌다고 한다. 얼마 전까지 관광객들이 수영복을 입고 수영을 했다고 하는데 지금은 겨우 발목만 담글 수 있을 뿐이다.

긴 세월 석회 성분이 흘러내려 이 일대가 밑에서 올려다보면 하얀 목화 더미처럼 보인다 하여 이곳을 목화의 성이라는 뜻의 튀르키예말로 '파묵깔레'라고 부른다. 이 온천수와 히에라 폴리스는 따로 생각할 수 없다.

입구에서 신발과 양말을 벗어 일행들의 신발과 함께 가지런히 놓고 다른 이들처럼 걸어본다. 온통 흰색인 바닥이 연둣빛으로도 보인다. 물과 시간의 조화일 것이다. 지금의 이곳은 관광객을 끌어들이기 위해 일본이 개발했다는데 일본은 참 많은 곳에 그들의 힘과 노력을 쏟고 있다는 생각을 한다. 세계 곳곳에 그네들의 손길이 닿지 않은 곳이 별로 없는 듯하다.

관광객들을 위해 인공적으로 만든 수로水路에 일행들과 나란히 앉아 발을 담그면서 온천물이 풍부했던 시절을 상상해 본다. 물이 미지근한 곳도 있고 따뜻한 곳도 있다.

골짜기 아래로 아스라이 내려다보이는 도시의 전경은 우주에서 보는 어느 행성을 상상하게 한다. 가슴이 저리다. 그 시절 저곳에서 살았던 이들은 흙이 되고 먼지가 되고 또 무엇이 되어 이곳을 떠돌아다니고 있겠지.

그들이 목욕하던 그 온천수는 깊은 땅으로 흘러가고 다시 새 물이 되어 우리의 발목을 적시고 있다. 순간을 놓치고 싶지 않은 많은 관광객들은 삼삼오오 사진을 찍느라 분주하다. 영원히 존재하고 싶은 듯.

약속한 시간이 되어 히에라 폴리스 광장으로 갔다. 그곳에는 몇 십 마리의 꽤 덩치가 큰 개들이 있다. 엎드려 있기도 하고 자동차 불빛을 따라 뛰어가면서 짖는 개도 있었다. 대부분은 한가롭고 게으른 표정으로 바닥에 배를 깔고 졸고 있다.

집도 주인도 없는 고견孤犬들이다. 관광객들이 주는 먹이로 연명을 한다고 한다. 라이트를 켜고 들어오는 승용차를 따라다니며 짖는 개들은 뭔가 먹이를 기대하며 좋아서 뛰고 있다.

여기저기 늘어져 누워있는 개들도 고대 히에라 폴리스에서 화려함을 누리던 어떤 이의 영혼들이 아닐까. 들어오는 길에 보았던 석관묘들이 떠오른다. 병이 들어 이곳에 온 귀족들이 왔다가 완치를 못하고 묻혔으니 아쉬웠으리라. 그 원의 덩어리들이 아쉬움으로 혼령이 되어 수많은 세월을 떠다니다가 뭔가로 환생했겠지. 혹시 가축 취급하던 노예들에 의지해서 살던 그들이니 몇 천 년 세월이 지나 개로 태어난들 뭐 그리 억울하랴.

노예들의 일상에 관한 이야기다. 그때 발달된 문명의 증거이기도 한 고대 공중 화장실은 좌변기가 대리석으로 되어 있다. 많은 사람이 나란히 일을 볼 수 있게 되어 있다. 일교차가 심한 곳이니 대리석으로 된 변기가 얼마나 차갑겠는가. 당시 노예들은 주인이 일보기 전에 미리 그 자리에 앉아 자리를 따뜻하게 만들어 놓으면 그다음 주인들이 그곳에 앉아 일을 보며 서로 담소를 나누었다는데 구조상 그랬을 법하다. 한 자리씩 차지하고 앉아본다. 노예였을 수도 있는데 옆사람과 당시 귀족들이 그랬을 것처럼 얼굴을 마주보고 이야기를 하고 소리내어 웃는다.

의사소통이 되는 가축 정도로 생각했다는 그때의 노예들은 바람이 되어 자기 주인이 누워있는 자리를 쓸고 지나가고 있을 것이다. 그 묘에 누운 귀족들의 혼령은 옛 영화를 잊지 못하고 여전히 게으름을 피우느라 견공으로라도 태어나 이곳 히에라 폴리스 광장에서 추억을 되새김질하고 있을지도 모를 일이다.

  광장 한쪽에 자리한 큰 규모의 매점 뒤에는 고대 도시 때부터 있던 노천탕이 있다. 수영복을 입은 남녀 몇이 김이 오르는 물에서 놀고 있다. 긴 세월을 거슬러 가면 그때 귀족들도 저렇게 물속에서 있었을 텐데. 온천 바닥의 수천 년 전의 도시 흔적들이 우리에게 많은 이야기를 하고 있다.

  고대 도시가 어둠으로 스며든다. 버스로 몸을 움직인다. 문득 긴 세월을 지나온 저 돌덩이들 앞에 나는 먼지가 된다. 그 먼지는 다시 우주가 되어 긴 시간을 감싸고 있다.

-《제물포수필》44집, 2004년

던져버린 체면

《인도와 티베트 여행기》에 꺼얼무에서 라싸까지 1,115km를 버스로 30시간 갔다는 내용이 있다. 허가증도 없는 티베트 여행을 버스로 간다, 요변을 해결해야 할 때만 차를 세운다, 이 때 우루루 내려서 풀밭으로 내려가서 볼일을 본다는 내용을 읽으면서 몇 달 전의 일이 떠올랐다. 티베트를 여행했던 작가는 휴게소도 없는 허허벌판을 서른 시간이나 상황에 따라 더 긴 시간을 가야 하는 열악한 상황이니 그 행동은 정당방위다. 나의 어처구니없는 일을 이 작가의 글을 빌려 나는 나의 뻔뻔한 일을 합리화하려고 한다.

    동유럽여행 구 일째 밤이다. 세계에서 두 번째로 길다는 슬로베니아의 포스토니아 종유동굴을 보았다. 슬로베니아에 발을 디뎠다는 것이 현실감이 없다. 종유동굴을 보기 위해 코끼리 열차로 갖가지 모습의 종유석을 보았다. 동굴 안에서는 몇 개국으로 해설을 한다. 그나마 영어가 가깝단 생각에 영어 해설사 옆으로 갔다. 중간중간 외국인들이 웃었지만 나는 웃을 수가 없었다.

블래드에서 점심을 먹었다. 호숫가 베란다 식탁에는 와인과 와인잔, 샐러드가 세팅되었다. 우리 식탁인가 좋아했으나 아니었다. 우리 식탁은 후식도 없고, 간이 안 된 생선요리뿐이었다. 호수 건너편 산 위에 고성과 식당 앞 호수의 전경이 그나마 형편없는 식사를 탕감해 주었다.

어슬렁거리면서 버스에 올랐다. 오스트리아 잘츠부르크로 간다. 대략 여섯 시간 걸린다고 했다. 버스가 고속도로로 들어서니 안내인은 다음 날 관광 일정을 안내했다. 일행들은 졸면서 듣는 둥 마는 둥 하면서 휴게소가 나타나길 기다렸다. 고속도로 매점은 화장실이 대부분 무료다. 물론 물건을 좀 사야 한다. 자상한 안내인은 가능한 화장실을 무료로 이용하도록 신경을 쓴다. 잔돈이라도 절약하라는 의미인가. 하긴 생수나 화장실 이용에 비용 지불을 적응을 못하고 불평하는 한국 여행객의 입막음일지도 모른다.

이번 휴게소에선 한 일행이 맥주를 들고 올라왔다. 유럽 맥주가 맛있다고 하더니 소문대로 맛있다. 각 나라 맥주를 맛보는 일도 여행의 즐거움 중 하나다. 맥주라고는 처음 입에 대본 다는 친구도 너무 맛있다고 한다. 한두 시간 내로 휴게소를 들르기 때문에 맥주를 마시는 일은 문제가 아니다.

예정보다 늦은 시간에 국경에 도착했다. 오스트리아에서 입국 심사를 했다. 다른 나라 입국 심사할 때보다 오래 걸린다. 몇 나라를 지나갈 때 여권을 걷어가거나 입국하는 그 나라 직원이 버스로 올라와서 우리가 들고 있는 여권을 제대로 보지 않고 훑어보고 내려갔었다. 오스트리아 직원은 우리 모두 내리라고 한다. 사무실에서 한 사람 한 사람 꼼꼼하게 검사를 한다. 버스 안에서 통관을 기다리는 화물트럭의 긴 줄을 보고는 불안했는데 역시 늦어진다. 이곳 국경 화장실 인심도 야박하다.

고속도로에서 버스가 제대로 가질 못한다. 급기야 사고가 나서 국도로 우회를 해야 한단다. 한 시간이 두 시간이 되고 세 시간이 지나간다. 휴게소는 보이지 않는다. 주유소라도 가 보려고 하지만 마흔 명을 어디다 풀어 놓는가. 또 한 시간이 지나고 있다.

결국 한 명 또 한 명이 버스 앞으로 나와 안내자에게 사정을 한다. 유쾌한 버스 안이 어느덧 무겁고 어두워졌다. 맛나게 마시던 맥주가 저주가 되었다. 몸이 반란을 일으키려고 한다. 폭

동의 순간이 이런 냄새이리라. 기사와 안내인도 눈치를 챘는지 차를 세웠다. 해가 산밑으로 넘어가다가 나뭇가지를 놓지 못하고 있는 순간이다.

모두들 서두르면서 내렸다. 티베트의 허허로운 벌판의 여행객처럼. 인가가 없는 한가한 곳이면 금상첨화인데 집들이 드문드문 있는 그림엽서에 있는 마을이었다. 폭발할 것 같다. 누군가 우리 모습을 인터넷에라도 올리면 어쩌나 하는 걱정은 생각도 못 했다. 내 눈만 가리면 다 못 보니까. '눈 가리고 아웅'하며 생리의 반란을 재웠다. 고통이 사라지고 안도의 숨이 나온다. 서글프다. 아들이 실종되었을지도 모른다는 그 순간에도 챙겼던 체면인데, 이 순간에는 간 곳 없다. 오호 애재哀哉라. 새벽 두 시가 다 되어서 오스트리아 국경 숙소에 도착했다. 저녁을 거른 우리에게 햄버거를 나누어 준다. 긴 여행에 끼니는 '꼬박꼬박'이란 신념으로 룸메이트와 다 식은 햄버거를 먹으면서 목이 메일까 미리 염려하면서 캔을 경쾌하게 땄다. 내 육체의 정직함이여.

-《제물포수필》49집, 2007년

중국 - 한눈팔기 5박 6일

춘추전국시대 흔적

다시 세계의 중심으로 다가가는 중국. 그곳으로 떠난다. 그 넓은 중국의 아주 작은 부분을 들러보지만 모처럼 가는 여행이라 수선스럽다.

새로 옮긴 인천 국제공항 청사에서 중국의 청도공항으로 한 시간 날아갔다. 시각은 한국에서의 출발 시각과 같다. 시차가 한 시간 빠르기 때문 한 시간 벌었다. 창 밑으로 반듯하고 너른 밭이 보인다. 연두와 초록빛의 모자이크다. 차茶밭이다. 공항 직원의 표정은 회색빛의 느낌, 나만의 생각이겠지. 단체 비자를 받았기 때문에 일렬로 서서 입국 수속을 밟았다.

자그마한 아가씨가 여행사 팻말을 들고 있다. 기사는 순박한 남자처럼 보인다. 마이크를 든 가이드는 이북 억양과 외국인의 억양이 묘하다. '웬따꺼'라고 소개한 운전자가 올랐다. 청도에서 치박(쯔보)이라는 곳으로 향했다. 도로 양편으로 옥수수밭이 길게 넓게 펼쳐 있다. 그 밭 사이로 빨간 지붕의 집들이 유럽 농촌의 풍경처럼 한가롭다. 독일 조차지였던 곳이란다.

잠시 후 내린 휴게소에는 김이 오르는 옥수수를 팔고 있다. 값을 흥정해 보지만 외국인에게 싸게 팔 것 같지 않다. 버스에 앉아 옥수수를 한 개 받았다. 중국에서 자란 옥수수란 점을 빼고는 우리나라 옥수수 같지 않다. 소금이나 단것을 조금도 넣지 않고 그냥 물에 푹 삶아내기만 했다. 그들은 옥수수를 우리처럼 삶아 먹지 않는단다. 단지 외국인용이란다.

버스 차창 밖으로 지나는 차 번호판을 눈여겨보라고 한다. 우리의 'OO가, OO너' 라고 쓰인 자리에 제齊라는 글자가 있다. 춘추전국시대 이곳은 제나라였단다. 지금 제나라의 흔적을 본 것이다. 달리고 있는 차들의 번호를 보니 제齊가 많았지만 '노魯'도 있다. 중국의 다른 도시를 다닐 때도 번호판을 눈여겨보며 춘추전국시대를 더듬었다.

'제도대주점'이 숙소 이름이다. 중국은 호텔을 대주점大酒店이라고 한다. 그들이 그렇게 쓴다 하니 그런가 하지만 술과 관련이 지어짐은 어쩔 수 없다.

저녁식사 테이블에 청도 맥주가 놓여 있다. 그렇지 않아도 이웃은 청도공항에 도착할 거라고 말하니 청도 맥주를 마시고 오라고 했다. 앞에 있는 잔에 맥주를 따르고 '즐거운 중국여행을 위하여' 건배를 했다. 고급 중국음식점에 온 것처럼 기분을 냈다. 찻잔 크기의 국그릇, 손바닥 크기의 접시에 음식을 덜어 먹으려니 옹색하다.

치박, 자유의 거리

짐을 정리하고 커튼을 열었다. 치박의 시가지가 보인다. 건물 색들이 밝지 않다. 건물 위에는 붉은 글씨의 건물 이름을 쓴 간판이 있다. 눈이 가는 곳마다 붉은 글씨다. 중국인들이 공산국가가 되기 전에도 그 옛날부터 붉은색을 좋아했을 텐데 붉은색과 공산주의가 오버랩되는 것은 우리의 투철한 반공교육 때문인가.

보슬비가 오는 듯하다. 도로는 시원하게 열렸다. 하지만 그뿐이다. 중앙선의 노란선은 이곳에선 별 의미가 없다. 횡단보도로 건너는 이들보다 중앙선을 가로지르는 이들이 더 많다. 자전거를 타고 움직이는 10차로도 더 될 듯한 도로를 저들 가고 싶은 대로 유유히 가로지른다. 대형버스도 반대 차선에서 호텔로 들어올 경우 지정된 곳에서 돌리는 버스는 거의 없다. 사람과 사람 수만큼의 자전거, 택시, 버스 등이 서로 엉키면서 그럭저럭 각자 제 갈 곳으로 움직인다. 룸메이트와 나는 그런 거리를 내다보면서 계속 비명을 지른다. 충돌은 없다. 아슬아슬한 순간을 어쩌면 저리도 잘 비켜가는지.

가이드를 따라 거리를 나섰다. 속옷 차림으로 거리를 활보하는 배 나온 아저씨들, 반나체로 거니는 남자들, 이들은 이 큰 도시를 마치 저들 동네 골목쯤으로 여기는 듯하다. 조그만 의자에 앉아 만두를 먹는 사람, 때에 전 길들여진 탁자에서 장기를 두는 이들이 보인다. 과일가게, 편의점, 아동옷과 숙녀복점, 사진관들이 늘어서 있다. 사진관에는 붉은색의 중국 복식이 걸려 있다. 기념일에 저 옷을 빌려 입고 사진을 찍는가 보다. 가게 앞에 나와 있는 사람들도 우리를 쳐다본다. 우루루 몰려다니면서 낯선 언어로 이야기하고 있는 이들이 궁금하겠지.

생수를 구입하려고 해도 과일을 조금 사려고 해도 가이드를 앞세울 수밖에 없다. 자그마한 아가씨가 중년 여인들의 보호자가 되어버렸다. 간단한 중국어 회화책을 가져오면 좋았을 텐데. 청과 홍의 신호등은 별 의미가 없다. 이방인들만 파란 신호등을 기다리고 있다. 한 무리가 둥글게 모여 있다. 미니 서커스다. 울타리 안은 주점이다. 둥그런 테이블에 삼삼오오 앉아 맥주나 중국 술을 마시고 있다. 꼬치 굽는 냄새, 연기, 이야기가 안을 꽉 채우고 있다. 작은 무대에선 우리도 가끔은 보앉을 서커스가 공연되고 있다. 테이블에 앉은 이들은 저들끼리 이야기하느라 공연은 뒷전이다. 울타리 넘어 모여있는 이들이 울타리 난간을 부여잡고 열심히 관람한다. 테이블을 차지하고 맥주를 마시면서 서커스 관람하면서 즐기면 좋겠다.

숙소로 돌아와 치박의 거리를 본다. 움직이던 그 많던 자전거는 흔적이 없고 자동차들만 가끔 한두 대 지나간다. 노랑, 파랑, 분홍의 공연복을 입은 이들이 주점을 정리하고 있다. 좀 전의 광경이 꿈이었나.

순마갱

눈이 가는 곳마다 옥수수밭이다. 사람과 자전거와 자동차들이 여전히 어지럽다. 좁은 도로를 터덜거리면서 들어갔다. 옥수수밭에서 발견한 순마갱은 발굴된 지 얼마 되지 않는단다. 하여 도로도 정비가 안 되었단다. 순마갱 입구는 오래된 골목의 어떤 집을 방문하는 듯하다. 순마갱 사무실 겸 기념품점과 보고 싶지 않아도 보이는 직원의 간이 침실은 한숨이 나온다. 중국에 온 이후 처음인 관광지이건만 그들은 관광객의 감격엔 전혀 알 바가 아니다.

굴안으로 들어섰다. 습한 곰팡이 냄새가 코를 간지럽힌다. 말이 모로 누운 모습을 상상한다. 육백 필의 말을 산 채로 묻었다고 하는데 우리가 보는 것은 일부라고 한다. 굴을 파서 말들을 나란히 세워놓고 그 입구를 막았을까. 움직일 공간이 없는 어두운 곳에서 말들의 울부짖음이 마구 뒤엉켰을 테지. 한두 마리가 혹은 서너 마리가 소진해 쓰러지고 숨이 끊어졌을 것이다. 무심하게 세월은 가고 이렇게 뼈만 오늘 우리에게 그들의 존재를 말해 준다.

시안[西安]에는 병마용이 있다. 진시황의 무덤을 지키기 위하여 육천 개가 넘는 인형을 세워 놓은 곳이라고 한다. 사람 크기와 같은 인형 육천 개 이상이 모두 동쪽을 향하여 서 있다고 한다. 세계의 8대 기적 중의 하나라고 한다. 시안의 병마용보다 백 년 전의 것이라는 순마갱은 인형이 아닌 살아있는 말을 생매장한 곳이라니. 기적이 아닌 세계 8대 잔혹함에 들지 않을까. 그들은 '서쪽에 병마용이요, 동쪽에 순마갱이라'고 한단다.

태산

"태산이 높다 하되/ 하늘 아래 뫼이로다// 오르고 또 오르면/ 못 오를 리 없건마는// 사람이 제 아니 오르고/ 뫼만 높다 하더라"

강태공 묘소 주변에 세운 비문의 전서체가 눈에 어른거린다.

대안으로 왔다. 외우고 있는 시조의 장소로 가기 위해서다. 태산은 시조 속에만 있는 허구가 아니었다. 1545미터로 중국의 3대 명산으로 황제가 오른 산이어서 유명해진 듯하다. 태산 전용 버스로 갈아탄다. 무척 낡은 버스다.

경사가 심한 와이어에 매달린 케이블카를 탔다. 밖을 내다보지 못하는 이도 있다. 아찔하다. 발밑으로 보이는 풍경이 아스라이 보인다. 덜컹거리기까지 한다.

7421개의 돌계단을 오르기 시작했다. 길 양옆에는 바위에 음각한 글씨들이 출렁인다. 눈이 즐겁다. 조잡한 내 글씨가 화끈거린다. 오랫동안 붓을 들고 다니지만 흉내도 못 낸다. 붓을 접어야 하나 보다. 바위에 새긴 각종 서체가 신나게 춤을 춘다. 이 우람한 글들이 내 발을 붙든다. 이들이 어떤 생각으로 바위에 글을 새기고 붉은 칠을 했는지 나는 알 수 없다. 현인들이 이들을 기리고 명산인 태산을 찬양한 글귀들이리라. 올라갈수록 바람이 차갑다. 이슬비가 내린다. 구름이 이리저리 옮기면서 시야를 가로막는다. 중국풍의 사찰이 태산의 멋을 더해준다. 지전을 불전함에 넣고 삼배를 한다.

봐야 할 곳이 남았지만 내려가야 한다. 케이블카 주변에는 이미 내려온 이들이 기념품을 산다. 나무주걱, 그릇 수저 등 우리 돈 천 원을 내면 살 수 있다. 굵은 빗줄기로 바뀌었다. 전을 만드는 비 맞은 팬에선 김이 모락모락 올라온다. 종이보다 얇은 옥수수전에 쪽파들을 말아 손님에게 준다. 어떤 맛일까. 비 오는 날, 종이보다 얇은 옥수수전이지만 그래도 막걸리가 어울릴까.

인력거

곡부권리 호텔이다. 호텔 외양이 여느 호텔과 달리 궁전 모습이다. 귀에 익숙한 말이 들린다. 고향을 떠나 오랫동안 자기 모국어를 듣지 못하다가 모국어를 들으면 이런 기분일까. 단 이틀인데 우리 말을 들으니 반갑다. 유명한 관광지가 아닌지 이제야 우리나라 관광객을 만난다.

저녁 식사 테이블에 고량주가 놓여 있다. 기회가 있어도 너무 독해 마실 생각도 안 했는데 이곳은 중국 아닌가. 음식 때문인지 주당들도 아닌데 다들 목으로 털어넣는다. "목구멍에선 화끈했는데 넘기니 아무렇지도 않네? 역시 중국 음식에는 고량주야." 엄청난 주당들이 모인 것 같다.

저녁 식사 후 인력거를 타기로 했다. 자전거에 객차를 매달고 기사가 자전거 페달을 열심히 밟으면서 이동한다. 시내 드라이브를 하는 셈이다. 인력거에 두 명씩 앉았다. 사진 찍느라 여기저기서 번쩍거린다. 인력거를 모는 이가 엄청 말랐다. 다른 이보다 힘들겠다. 손님은 무게가 나가지 운전자는 말랐으니.

갑자기 무게를 줄여 줄 수도 없으니 난감하다. 어쩌겠나 아저씨 복이다.

인력거의 삐그덕거림이 요란하다. 차들은 경적을 울리며 달린다. 자전거 행렬도 만만치 않다. 인력거 기사들은 그 사이를 아슬아슬하게 지나간다. 공기가 탁한 이 거리를 호사를 누리며 구경한다. 옛날 중국 부호의 부인이 거드름을 피우면서 인력거에 앉아 있는 모습이 이럴까. 자세를 고쳐본다. 전생에 그 인력거를 모는 이의 안사람이었을 수도 있겠다. 이십 분 가량 돌다가 호텔로 들어왔다. 어느덧 나는 귀족이 되어 턱을 빼고 거만하게 걷고 있다. 사람이 사람을 부리는 일을 경계해야 하는데 아주 작은 특권에 어깨가 펴진다.

제남

우리 팀은 여전히 왕성한 식욕을 자랑한다. 표돌천 맥주를 곁들이면서 아주 열심히 점심 식사를 했다. 매일 매끼의 식사 메뉴는 변화가 없다. 배추를 기름에 볶다가 녹말소스를 끼얹은 것은 항상 나온다. 닭고기, 돼지고기를 특이한 향에 절였다가 익힌 음식과 계란수프도 마찬가지로 공식 메뉴다. 그럼에도 고추장, 김 등을 챙겨오지 않고도 우리는 정말 맛있는 듯이 즐겁게 먹었다.

표돌천은 제남에서 가장 유명한 샘으로 춘추전국시대에는 녹수라고 했다. 제남에 있는 일흔두 개의 샘 중에서 으뜸이란다. 물이 좋은 표돌천에서 나오는 표돌천 맥주는 제남에서 유명한 상품이다. 설명을 미리 들었으면 점심 식사 때 나온 그 맥주를 천천히 아끼면서 마셔야 했다. 장군표 담배도 좋단다. 담배를 피울 때마다 싫은 소리 하면서도 남편에게 이 담배를 사다 주고 싶은 마음은 뭔가.

해는 중천에 있다. 표돌천 공원을 끝으로 일정이 끝났단다. 저녁이 되려면 몇 시간 기다려야 한다. 가이드는 천불산을 추천한다. 천불산은 낮은 산으로 제남 시내 남쪽에 있다. 그곳에는 절, 사당, 당唐대의 석굴 등이 있다고 한다.

천불산 공원에 들어서니 거대한 석불이 우리를 내려다본다. 노나라 때 불교가 성행했다는데, 그 시절 산 위 바위에 불상을 새겨 놓았다고 한다. 특정한 종교를 갖고 있지 않은 동인들은 합장을 한다. 남은 일정을 건강하고 즐겁게 그리고 무사히 귀가할 수 있기를.

'천불산'이라는 이름에서 알 수 있듯이 석굴 안에는 크기와 표정이 각기 다른 좌불, 입불, 와불 등의 부처가 있었다. 굴 안에서 부처를 각한 이들은 어떤 사람들이었을까. 온전한 불상도 있지만 팔이나 손이 없거나, 얼굴에 상처가 나거나 온전한 불상보다 부상을 입은 부처가 더 많았다. 오랜 세월을 보내면서 이나마 보존되어 있다는 사실이 기적이다.

그들은 어떤 간절함으로 바위에, 돌에 부처를 새겼을까. 아니면 황제의 명령으로 그냥 작업했을 뿐일까. "노느니 염불한다."는 말처럼 그래도 무언가를 기원했겠지. 미로 같은 굴 안에 이 많은 불상이 다 다른 모습인가. 몇 군데 불전함에 한국 돈, 중국 돈을 넣고 삼 배를 했다. 단지 난 나의 안일을 빌었다. 세계의 평화, 이웃과 국가의 안녕을 기원 하는 일은 더 큰 사람의 몫이다.

발 마사지

많이 걷게 되는 날은 사우나 생각이 난다. 천불산 공원을 나와 제남 호텔로 돌아왔다. 여느 때처럼 룸메이트를 제비뽑기하고 정해진 룸메이트와 방에 짐을 넣고 호텔 로비로 다시 왔다. 사우나를 하고 싶지만 아쉬운 대로 발 마사지를 하기로 했다.

마사지하는 방들은 여러 곳이다. 경쾌한 박수가 신나게 들려온다. 안내받은 방에는 의자가 열 개 남짓 놓였다. 우리들은 나란히 의자에 앉으니 우리 숫자만큼 십 대 후반의 아이들이 들어온다. 들고 온 나무통을 내려놓으면서 손짓 눈짓으로 그곳에 발을 담그라고 한다. 통 안에는 따끈한 녹차 물이 있다.

발을 담그고 있는 동안 아이들은 리더의 신호에 맞춰 어깨와 팔과 등을 두드린다. 그들은 그런 후 물통을 들고 나간다.

돌아온 아이는 크림을 발에 바르더니 발가락을 잡아당기고 누르고 하더니 두 손으로 주무른다. 웬 분에 넘치는 일이람. 종아리, 발목을 리드미컬하게 지압한다. 나를 두드리는 아이는 가끔 아픈지, 불편하지 않은지 묻는 듯하다. 그럼 난 검지와 엄지를 동그랗게 하고 오케이 사인을 한다.

중국에도 관광 붐이 일어 마사지 시술소도 많아졌단다. 로비에 있는 이용료를 보니 우리가 낸 가격의 몇 분의 일이다. 각 마사지 가게마다 몇 십 명의 아이들이 일을 하고 있으니 국가적 차원에서 외화 수입도 무시 못할 것이다. 꼭 사는 방법이 공부만은 아니지만 학교에 있어야 하는 나이에 마사지하는 청년들이 짠하다. 내 잣대일 뿐, 해결책 없는 값싼 연민이다. 젊다고 하기엔 어리지만 그들 나름대로 씩씩하고 즐겁게 일을 하고 있지 않은가.

북경기차

서울역처럼 노숙자들이 이곳저곳에 신문을 덮고 누워있다. 중국의 자유화 물결의 어두운 면인가. 아직 시간이 남았는데 우리 일행은 벌써 개찰구로 들어서 있다. 좌석이 있으니 서두를 필요가 없는데 모두들 서둘고 있다. 계단을 내려서자 사람들이 뛰기 시작한다. 우리도 덩달아 열차를 향해 달렸다.

　가이드가 알려준 좌석 번호를 찾았다. 우리 좌석에 중국인들이 앉아 있다. 기차표를 보이면서 눈짓 손짓으로 비켜달라고 하는데 그들은 움직이지 않는다. 우리나라는 보통 기차 좌석 주인이 나타난 듯싶으면 확인하지 않고 일어나지 않는가. 막무가내인 이들만 아니라면 말이다. 창가에 앉아 있는 아가씨는 그래도 엉거주춤 일어나려고 하는데 옆에 무표정한 여인은 아가씨를 툭 친다. 우린 계속 표를 흔들면서 비켜달라는 신호를 보내는데 그들은 서로 보면서 비웃는 듯한 표정이다. 그 와중에 우리 자리에 있던 젊은 남자는 일어서 뒤로 간다.

　가이드는 보이지 않는다. 그 억지 여인은 일어서기는커녕 좌석에 부착되어 있는 테이블에 김이 오르는 차[茶]병을 올려놓는다. 중국을 다니면서 흔하게 보는 것 중 하나는 중국인들이 물병이나 보온병을 들고 다니는 모습이다. 버스 기사나 가이드, 가게 점원들은 그들이 갖고 다니는 차를 수시로 마신다. 가게에 생수가 있는데 녹차를 더 좋아하는 듯하다.

　잠시 후 가이드가 나타났다. 가이드는 우리 상황을 듣더니 그 여인에게 소리를 지르듯 이야기한다. 그래도 요지부동이다. 까무잡잡하고 자그마한 여인이 쇠심줄이다. 험한 세상 살려면 저 정도는 되어야겠다. 일행인 젊은 여성은 좌불안석이다. 시간이 지나 가이드가 뭐라고 했는지 드디어 그 둘은 뒤로 가서 선다.

우리끼리 중국 기차를 탔다가는 좌석표가 있다 해도 곱다시 당할 듯하다. 집으로 돌아온 후에도 묘한 그 여자의 표정이 지워지지 않았다. 이들이 개찰하자마자 뛰는 이유를 알 듯하다. 좌석표가 없어도 앉아갈 수 있고, 좌석표 있는 이들은 자기 자리를 제대로 차지하지 못 할까 봐 뛴다. 이런 소란 후에 호텔에서 제공한 도시락을 폈으나 손이 가지 않는다. 서 있는 사람이 많은데 이동매점이 다녀 더 복잡했다. 승객들도 뜨거운 물을 가지러 오고 간다.

중국 여행을 한다고 하니 이웃이 기차 여행할 때 까만 옷을 입으라고 했다. 기차 터널을 지나고 나면 얼굴이고 옷이고 새카매진다나. 제남에서 북경에 오는 동안 터널을 지나가지 않았고 기차 안도 그런대로 청결했으니 까만 의상이 필요가 없었다. 내 말을 듣고 까만 옷을 입은 친구들은 나에게 투덜댄다.

북경역이 가까워지니 종업원들이 청소를 시작한다. 우리 탁자에 있는 쓰레기를 치우는 표정이 호의적이지 않다. 탁자 보를 정리하면서 컵 받침을 소리나게 놓는다. 설마 조선 시대의 중화사상인가. 우리도 어떤 나라의 형님 나라인 때가 있었다면 그 나라 사람이 오면 거들먹거리겠지? 그런 시절이 있었다면 우리의 큰 재산이 될 텐데. 아쉬운 대로 우리도 만주벌판을 달리던 그때를 기억해야지. 영원할 것 같던 옥수수밭은 어느덧 사라졌다. 선반에서 가방을 내렸다. 속도가 잦아지더니 덜컹 멈췄다.

생체실험

가이드는 제약회사에서 생체실험을 보게 된단다. 이게 무슨 이야기인가. 가이드가 이끄는 대로 따를 수밖에 없는 단체여행자의 비애다. 이곳에서 중의대학원생들이 연수생으로 봉사한단다. 근육통, 신경통에 효험이 있다는 삼 미터 길이의 파스와 만병통치약인 연고를 판다. 연수생이란 자는 이곳에서 봉사를 해야 학점을 따고 졸업을 한다며 가이드 말대로 자신을 소개한다. 효과를 설명하는 이들은 우리말이 능숙하다. 약장수다.

생체실험 시간이다. 탁자 한쪽에서는 전기 화로에 쇠사슬이 달궈지고 있다. 그 연수생은 벌겋게 달궈진 쇠사슬을 손으로 직접 잡는단다. 그리고 연고를 바를 것이다. 일주일 후 완치가 될 것이라나. 이 실험은 일주일에 한 번씩 할 수 있단다. 자기들이 할 일은 이 일이니 하지 말란 말은 거두어 달란다. 이 실험을 하지 않으면 졸업에 지장이 있단다. 어떤 이는 실험을 믿지 못하겠다며 한 번 더하라고 하는데 제발 그러지는 말라고 부탁까지 한다.

　비장한 표정으로 벌겋게 달궈진 쇠사슬을 쥔다. 살 타는 냄새가 진동한다. 얼굴이 벌개지고 괴로운 표정으로 손목을 쥐고 떤다. 조수가 그의 손에 연고를 바른다.

　이런 일을 하면서 약을 판다는 것을 승인했을 것 같지 않다. 눈감아주는 건가. 혼란스럽다. 새디즘을 이용해서 장사를 한다. 사회주의 중국은 옛말인가. 끔찍한 생체실험에도 약은 별로 팔지 못했다. 들어올 때는 마음대로지만 나갈 때는 그들 마음대로다. 우린 그냥 그 자리에 있었다. 싼값으로 관광하게 하면서 물건을 강매하려는 우리나라와 비슷하다.

　의견이 분분하다. '쇼다, 살 태우는 냄새는 방향제 아닐까, 어떻게 쇼겠냐, 냄새가 나고 연기도 났는데.' 실제 상황 같다. 나는 손바닥이 타는 거 봤다. 차라리 우리가 우롱당한 거면 좋겠다. 그게 더 인간적이지 아닐까. 매주 멀쩡한 손바닥을 태우다가는 신경이 다 죽을 것이다. 복잡하고 불쾌한 시간이다.

천단공원과 유리창
　무척 이른 시간이다. 관광객들이 쏟아져 나온 듯하다. 공원 바닥에 큰 붓으로 글씨를 쓴다. 텔레비전에서 중국 문화를 소개할 때 본 일이 있다. 직접 보니 발걸음을 뗄 수 없다. 메모를 보면서 붓을 움직이는 이들이 대단하다. 화선지를 접어 칸에 글을 쓰는 듯 보도블록 한 칸마다 채워 쓰는 글씨는 힘이 있다. 비싼 화선지, 먹, 붓으로 서예를 한답시고 왔다갔다하는 내가 가소롭다. 큰 글씨, 작은 글씨 나름대로 쓰는 이들은 잠시 후 쓴 글이 마르면 다시 그 위에 글을 썼다.

신나는 음악이 들린다. 남녀가 짝을 이룬 팀도 있고 동성끼리 짝이 되어 스포츠 댄스를 한다. 평범한 옷을 입었지만 멋있는 정장을 한 이들과 같은 자태로 춤을 춘다. 곁에서 배우고 싶어 스텝을 흉내내 본다. 넓은 공원 곳곳에 이런 광경을 몇 군데 볼 수 있다. 버스 주차장 한쪽에도 카세트 앰프에서 나오는 음악에 맞추어 춤을 추는 이들도 있다.

인간은 신나면 몸을 흔드는 것이 본능인가 보다. 음악이 들리면 아기들도 몸을 흔든다. 몸의 이런 욕구가 어른이 된다고 사라지는 건 아닐 텐데, 우리는 성장하면서 많은 제약에 욕구를 눌러야 한다. 자연스럽게 춤을 추는 공원문화가 부럽다. 이곳에는 '춤바람'이란 단어가 없을 것 같다.

유리창에 갔다. '유리창'은 원나라 때 유리기와[瓦] 공장이 있던 곳이어서 붙여진 이름이다. 이백여 년 전에 형성된 곳이다. 과거를 치르기 위해 북경으로 온 사람들 중에서 낙방한 이들이 자신의 먹, 벼루, 책 등을 팔기 시작했다. 그리고 청조가 멸망한 후에는 몰락한 귀족의 자제들이 문중에 소장하고 있던 것을 팔아 생계를 이었다고 한다. 이렇게 시간이 지나면서 시장이 형성되어 골동품이나 지필묵紙筆墨을 거래하는 전통문화 거리가 되었다.

한문학이나 중국 문학을 공부하는 이들은 이곳에서 책을 한 지게 사 오기도 한다. 먹과 붓을 파는 곳으로 들어갔다. 붓 매대 앞에서 발걸음을 떼지 못했다. 계산기로 가격을 흥정했다. 밀고 당기고 하다가 적당한 가격으로 결정했다. 보통 구입하던 것보다 싼 가격인 듯하다. 열심히 쓰지도 않으면서 달러를 빌리면서까지 붓을 사는 내 마음을 모르겠다.

가이드가 화가 났다. 약속시간이 지났는데 일행 중 몇이 버스로 오지 않았다. 약을 파는 곳에선 오래 있어도 이런 가게는 느긋하게 쇼핑할 시간을 주지 않는다. 이화원, 만리장성, 용경협 등 유명한 관광지와 그리고 자유 쇼핑에서는 시간을 제한했다. 하고 싶은 일은 못하고 싫은 일은 해야 하는 우리 인생살이와 닮았다.

중국으로 갈 때는 비행기에선 청도 맥주를 마실 수 있었는데 귀국길에는 청도 맥주가 없어 아쉽다. 인천에 오니 비행시간에서 한 시간 더 지나갔다. 중국에 갈 때는 한 시간 벌었는데 돌아오니 한 시간 잃어버렸다. 인생사 새옹지마塞翁之馬가 맞긴 하다.

- 《제물포수필》 40집 상, 2002년

산티아고 콤포스텔라를 그리며

요즘 같아서는 하루에 삼십 킬로미터를 걷기는커녕 삼 킬로미터를 걷기도 힘들다. 땅 넓다고 마냥 퍼지는 내 몸은 이제 한계에 달해 비명을 지른다. 무릎에 탈이 나고 말았다. 동네 의사는 환자의 기분을 우려해선가, 나의 체중에 대해서 절대 언급하지 않는다. "나이가 들어가니 연골이 조금씩 닳고 고장이 나기 시작하지요." 라고 말할 뿐이다.

친구 부부가 여름 한 달 동안 스페인 산티아고 순례길을 갔다 왔다고 한다. 그 이야기를 듣는 순간 내 안의 뭔가가 건드려진 듯 둥둥거린다. 하루 삼십여 킬로미터를 걸어서 팔백 킬로미터를 한 달 이상 걸었단다. 대부분 순례객들은 몇 날 며칠을 걷다가 울음이 터지는 경험을 한다고. 소리내어 울고 나면 소진되어버린 듯한 그 기운이 다시 살아난다지. 몇 십 년 쌓여 있는 숙변이 쏟아져 나오듯 가슴 깊이 켜켜이 쌓여 있을 그 무엇이 (어떤 이유가 있고 없고를 떠나서) 울음으로 우수수 떨어져 나온다니 상상하는 것으로도 소름이 돋는다.

산티아고는 스페인 북서부 대서양 변에 있다. 산티아고-데-콤포스텔라가 정식 이름이다. 예수의 열두 제자 중 한 명인 야곱의 무덤이 산티아고 데 콤포스텔라이며, 순례길은 야곱이 복음을 전하기 위해 왔던 길이다. 산티아고 데 콤포스텔라가 순례의 최종 목적지이다. '산티아고 데 콤포스텔라', 그 낱말이 주는 울림이 그곳을 가고 싶게도 한다.

순례길을 다녀온 사람들 가운데 책을 내는 이들이 많다. 지금 이 순간에도 다녀온 이들이 그 고통과 기쁨이 사라지기 전에 컴퓨터 앞에 앉아 있을 것이다. 같은 곳을 걷고 난 후 기행기를 쓴 작가들마다 각각 느낌이 다르다.

《여자 혼자 떠나는 걷기 여행》을 쓴 작가이며 기자인 김남희는 순례길 주변에 지인들이 많아서 걸으면서 곳곳에 있는 친구를 만나는 점이 부러웠다. 《산티아고 가는 길에 유럽을 만나다》의 김효선은 내 연배인 듯하다. 그녀가 걸은 수치를 보며 그 정도는 나도 할 수 있겠다 한다. 그녀는 최소한 영어를 말할 수 있어 만나는 외국인들을 친구로 만들고 여행이 끝난 후 그들과 메일을 주고받는다고 한다. 이십 대 후반의 청년이 쓴 글은 너무 쉽게 써서 '아, 이 정도는 나도 쓰겠군.' 하며 읽었다. 그 청년이 스스로 자신의 영어는 중학생 정도의 수준이라며 손짓 발짓으로 그 긴 여행을 했다니 박수 보내고 싶다.

《느긋하게 걸어라》는 독일 코미디언의 글이다. 걷다가 힘들면 그는 버스를 타고 간다. 다른 순례자처럼 '알베르게(순례자들의 집단 숙소)'에서 안 잔다. 잠을 자기는커녕 그곳을 비난한다. 냄새나고 시끄럽고 지저분하다나. 다른 순례자들은 '알베르게' 숙소를 잡으면 좋아하며 감사하게 생각한다. 많은 순례객들과 어울리는 것을 즐긴다. 그는 스스로 자신을 좀더 대접해도 된다고 한다. 비용이 더 들더라도 쾌적한 사설 숙소에 여장을 풀고 열심히 걸어준 자신의 몸에 자비를 베푼다고 당당하게 말한다. 이 작가는 생소한 유럽의 작은 나라의 언어도 구사하는데 다른 작가와 달리 여러 나라 사람을 만나면서 마음에 들지 않는 사람에 대해 투덜거린다.

사윗감 신랑감을 구하러 순례를 온 듯한 남미인, 자기 자랑을 심하게 하는 이의 험담도 슬쩍 한다. 데리고 온 강아지를 뙤약볕이 묶어놓고 사라진 순례자, 위험한 사람과 부딪히고, 강도가 나타날 것 같은 불안, 거칠고 공격적인 동물과 대면하게 되는 글에서 다른 작가와는 다른 색깔을 느낀다. 막연한 환상에 제동을 거는 균형감각을 갖게 하는 책이랄까.

그는 마음에 맞는 여인들과 앞서거니 뒤서거니 만나는 이들과 와인도 한잔하는 여유와 누군가 길가 나무에 묶어놓고 사라진 주인 없는 개를 며칠씩 데리고 다니면서 숙소 주인 모르게 씻기고 먹이고 한다. 떠돌이 개를 보호하는 곳에 데려다 주고는 개가 안전한 지 몇 번이고 확인하는 장면에서 냉소적인 작가의 휴머니즘을 본다. 약자에게 따뜻한 인정을 베푸는 작가에게 정감이 간다. 나에게 없는 여유와 깊이가 있는 이다. '순례길은 그저 걷기만 할 수 있는 평화로운 곳이라고만 생각하지 말라, 사람 사는 곳은 다 같다.'는 것을 말해 준다.

길에서 만나고, 같은 숙소에서 만나 이들에게서 다른 나라의 요리를 배울 수도 있다지. 잡다한 일상을 떠나서 나를 날 것으로 내놓을 수 있고 생각할 수 있는 그곳. 왜 한국에서는 그게 안 되는데 하는 이들에게는 약한 나의 의지를 설명해야 한다. 정민호의 《산티아고 가는 길》이 내 생각을 대변한다. 길게 생각하고 자신을 점검해보고 싶어서 마냥 걷고 싶지만 국내에서 도보여행을 한다면 이삼일 만에 포기할 것이란다. 힘들면 처음 결심했던 것과 다르게 쉽게 자신의 둥지로 돌아간다고. 자신의 의지를 의심하기 때문에 그곳 산티아고를 순례하기로 그 작가는 역설한다. 우리의 삶은 강제하는 설정도 필요하다는 데 나는 동의한다.

일간지 한 면에 '카미노 데 산티아고'라는 큰 활자에 산티아고 순례길 사진이 가득 차 있다. 그 사진을 책상 앞에 붙여놓는다. 산티아고 그 길을 걷다가 울음이 터지는 순간을 꿈꾼다. 그러고 나면 뭔가를 다시 시작할 수 있는 용기가 기다리고 있을 것 같다. 무엇을 다시 시작하고 싶은지 묻지 말기를. 꿈을 꾼다는 일은 사막에서 오아시스를 만나는 일이다. 집 앞의 소박한 산을 오르며 나는 꿈을 꾼다. 산티아고 그 길을. '꿈은 꿈꾸는 자의 것' 그 유행하는 문장이 나의 것이 될지도 모른다.

'카미노 데 산티아고' 산티아고 가는 길 한가운데 내가 서 있다.

- 《수비작가회의》 21집, 2015년

작품 해설

| 작품 해설 |

영혼의 미세한 풍경, 섬세纖細와 기하학幾何學적 정신의 융합

한상렬(문학평론가)

1. 프롤로그-미네르바의 올빼미

"미네르바의 올빼미는 황혼이 저물어야 그 날개를 편다."라고 했다. 이는 독일의 철학자 헤겔Friedrich Hegel이 그의 저서《법철학 강요》에서의 언명이다. 그의 언술에 의하면, 철학은 앞날을 예측하는 것이 아니라, 어떤 현상이 일어난 뒤에야 비로소 역사적인 조건을 고찰하여, 철학의 의미가 분명해질 수 있다는 말이겠다. 또는 황혼을 시간대에 대한 비유로 해석하여, "지혜와 철학이 본격적으로 필요할 때는 세상이 어둠에 휩싸이고 인간성이 사라져 갈 때"라고 보기도 한다. 미네르바의 올빼미가 어디 이에 한정하랴.

수필작가 지설완은 바로 '미네르바의 올빼미'라는 비유에 적합한 작가다. 그가 수필문단에 1998년 《수필과비평》에 〈술꾼의 남편〉으로 등단했으니 그새 25년이란 세월이 흘렀다. 1994년에 첫작품을 발표하였으니 그의 작품활동은 근 30년이 된 셈이겠다. 통상적이라면 이미 몇 권의 저서를 남겼어도 충분한 시간이다. 그의 문단활동을 옆에서 지켜보면서 이제쯤은 숙련의 시간을 접길 바라온 필자로서는 그의 이번 수필집 간행이 예사롭지만은 않다.

나의 수필 은사님은 가끔 제게 "수필집 이제 내야지요." 하십니다. 요즘은 포기하셨는지 제가 부담을 느낄까 해서인지, 올해는 채근하지 않았습니다. 같이 등단한 작가들은 아마도 열 권 이상, 작게는 대여섯 권 수필집을 출간했으리라 생각됩니다. 등단한 지 일이 년 되는 수필 동인들도 대부분 수필집 한 권 이상 출간했지요. 하물며 원로 선배라는 말도 듣는 상황에 수필집을 내지 않은 수필가는 아마도 제가 유일하지 않았을까요. 작가의 얼굴은 저서로 말하는데 그야말로 직무유기 작가로 얼굴 없는 작가이지요. 이제 수필집을 내면서 삼십 년 가까이 갖고 있던 나의 글 짐들을 내려놓습니다."

이는 저자의 진솔한 '책을 내면서'의 한 대목이다. '게으른 수필가의 변辨'이라는 저자의 언술이 필자에겐 반어적으로 해석된다. 농밀한 한 작가의 사유의 역행적 변일 것이다.

30년이란 시간이 한 작가에게 있어 그저 지나간 무의미한 흔적이 아니었음이 분명하다. 그에게 있어 그 길고도 긴 세월의 강은 그저 흐름이 아니었으리라. 삶과 마주하여 무수히 겪어야 했던 온갖 존재사태가 작가로 하여금 문학적 단련과 성숙의 시간을 유예하였지 싶다. 그러니 어찌 작가로서의 늦은 출간이 그저 '직무유기'이겠는가.

해방공간의 곤충학자였던 석주명은 "자신의 분야에 10년을 투자하라. 그러면 대가를 이룰 것이다."라고 말했지만, 작가 지설완은 그 10년에 20년을 더한 세월의 강을 넘어온 작가이다. 그렇다고 중도에 자신의 일을 포기한 날이 있었던 것이 아닌 바에야, 그의 30년은 오직 수필을 위한 전력투구가 아니었을까. 그의 긴 사유의 강, 존재 규명을 위한 인식과 자각의 시간이 이제 비로소 꽃을 피우게 되었으니 감격할 일이지 싶다. 그렇다. 그의 첫 수필집 출간은 미네르바의 올빼미처럼 황혼이 저물어야 비로소 그 날개를 펴는 엄숙한 행위이지 싶다.

　작가 지설완의 수필집《술꾼의 남편》의 책문을 연다. 제호가 사뭇 해학적이다. 등단작품을 제호로 정한 작가정신이 돋보인다. 통상적인 '술꾼의 부인'이 아니다. 반어적이고 역행적인 언어의 기표가 갖는 언표장의 의미는 그의 작품을 관통하는 작가정신이겠다. 〈술꾼의 남편〉, 〈순간의 선택〉, 〈골목 콘서트〉, 〈필화 사건〉, 〈히에라폴리스의 유령들〉이란 작은 표제들이 눈에 들어온다. 총 48편의 수필이 포진해 있는 작가의 성채城砦가《술꾼의 남편》이다. 이들 작품들은 대체로 전통적 문법에 수필의 역행성을 융합한 작품들이다. 작가의 문력文歷으로 보면 전반기에 속하는 작품들이겠다. 코로나시대를 통과하면서 '죽음에 이르는 메타언어적 층리를 보여주는 존재인식의 후반기 수필들이 이 수필집에 포함되어 있지 않았음은 아마도 내일에 대한 예비이지 싶다.

　지설완의 낱낱의 작품들은 저마다 새로운 얼굴로 독자를 만나게 한다. 존재의 응시와 일상의 투시와도 같은 작품들이 있는가 하면, 한 작가의 미세한 영혼의 풍경을 그린 작품들이 해체와 통섭 사이에서 저마다 얼굴을 드러낸다. 또한 섬세한 정신과 기하학적 정신이 융합된 작품들이 보이는가 하면, 존재인식을 위한 인문학적 성찰도 드러난다. 마치 철학카페에서 만나는 인간정신을 새롭게 자각하게 한다. 그의 작품들은 한 마디로 영혼의 위로와 치유를 위한 칸타타에 방불하다. 그래 그의 수필은 독자에게 따스한 정감과 아울러 사유의 깊이, 존재인식의 나침판이자 인생행로의 방향타가 된다. 아울러 독자로 하여금 서정의 감미로움에 취하게 하며, 문학텍스트가 선사하는 기쁨을 안겨준다.

2. 존재의 응시와 일상의 투시

칼릴 지브란Kahlil Gibran은 이름 그대로 '영혼의 위로자'요, '영혼의 치유자'였다. 그의 아름다운 영혼의 언어는 불확실한 이 시대를 살아가는 우리에게 긍정적 사고와 행동으로 세상을 바라볼 것을 속삭인다. 그가 말한다. "작품을 만드는 유일한 방법은 내 속에 있는 최선의 것을 모두 끌어내는 것."이라고. 이는 우리에게 내면세계의 자아를 통해 글을 써야 함을 웅변으로 말해 준다. 지설완의 수필들이 보여주는 지형은 바로 이러하지 싶다.

표제 수필 〈술꾼의 남편〉은 일상의 투시를 통한 작가 자신의 내밀한 영혼과의 만남을 해학적으로 그려낸 작품이다. 이 수필은 그저 소박한 일상에 포커스를 맞춘 듯하지만, 신혼여행 중, 술로 인한 에피소드를 맛깔나게 서술하고 있다.

　부산으로 신혼여행을 갔다. 태종대에서 유람선으로 오륙도를 돌아본 후 바닷가 바위에 앉아 여유를 즐기고 있었다. 보이는 것 모두가 아름답기만 했다. 눈앞에 보이는 섬이나 파란 바다 위를 날듯 떠가는 유람선 모두가 보기만 해도 좋은 풍경이었다. 주변에는 어디든 걸터앉으라고 유혹하는 바위들이고 철썩이는 바닷물은 더욱 낭만을 보태주었다. 아마도 술꾼인 신랑에게는 절호의 분위기였으리라.
　신혼여행 중이라고 해서 신랑에게는 술을 삼갈 마음이 있을 리 없다. 부산의 '대선 소주'와 회를 시켜 자기 한 잔 나도 한 잔하면서 찝찔한 바닷바람과 함께 맛있게 먹고 마신다. 그러다가 옆에 있던 연인들과도 권커니잣거니하게 되었다. 그렇게 신랑은 얼마나 마셨는지 모른다.
　　　　　　　　　　　　　　　　　　 - 〈술꾼의 남편〉에서

　그런데 호사다마인가. 문제는 엉뚱한 데서 사건이 불거진다. 신부인 화자가 화장실을 가야 할 민망한 일이 벌어진 것이다. 어렵사리 화장실을 다녀온 사이, 남편은 얼마나 술을 마셨는지 빈 술병이 여기저기 널브러져 있었다. 회와 술을 팔던 아주머니가 "새신랑이 색시 없어졌다고 색시 찾으러 서울 간다꼬 하는 거 말리느라 내사마 혼났다."는 말을 건넸지만, 화자는 안절부절이었다. "한참 애를 태우면서 막막하게 기다리고 있자 그 신랑이 비틀거리는 걸음으로 바닷가에 있었는지 올라오고 있었다." 이윽고 술에 취한 남편을 부축하여 택시를 탔지만 이미 인사불성人事不省. 신혼여행을 무효로 만든 체험담이 해학을 동반하여 수필의 역행성을 잘 보여준다.

그렇게 십수 년을 술꾼의 아내로서 함께했으니 나의 실력도 일취월장이다. 목마르다고 맥주병을 꺼내서 한 컵 마시고는 꼭 막아서 냉장고에 넣는다. 하지만 잠시 후 남은 맥주를 마저 따라 마시고 만다.

이제 나도 마셔야 할 충분한 이유가 하나, 둘 늘어가는 것 같다. 나로서는 어렵게 끝낸 한 편의 수필 작품을 축하해야 하니 한 잔, 펑펑 눈이 오는 날 좋은 음악을 들으면서 한 잔. 처량하게 숨죽이면서 흐르는 빗물을 보면서 남편과 눈이 마주친다. 염화시중의 미소가 이런가.

- 〈술꾼의 남편〉에서

이 수필은 '사건[Event]'을 통해 존재의 고뇌와 창조적 상상력이 '태도[Perception]'를 인식하게 하고, 나아가 그 '결과[Out-come]'로서의 해석과 의미화에 이르고 있다. 'E+P=O' 곧 'E'는 삶에서 일어나는 '사건[Event]'이요, 'P'는 그것을 받아들이는 '태도[Perception]'요, 'O'는 그 '결과[Out-come]'를 뜻한다. 역지사지易地思之인가. 이젠 화자 자신이 술꾼이 된 반전의 상황으로 의미화한 결미의 진술이 독자로 하여금 미소를 머금게 한다. 소소한 일상의 사물이 주는 의미의 그물망은 'E+P=O'라는 도식으로 창조적 상상을 키우게 한다.

 이 같은 존재의 응시와 일상의 투시를 보여주는 작품들은 여러 작품에 농축되어 있다. 수필 〈그 여자 그 남자1-2〉, 〈비범함이 증명되는 순간〉은 화자가 2인칭의 남편을 관찰자적 입장에서 서술한 수필이다. 앞서 〈술꾼의 남편〉이 그렇듯, 이 수필 또한 남편의 성향에 포커스를 맞추고 있다. 〈그 여자 그 남자 1〉은 화자의 집 비움에 대한 남자와 여자의 인식의 차이, 존재사태에 대한 사유를, 〈그 여자 그 남자 2〉에서는 '그 남자'의 흡연과 금연에 대한 화제를, 〈그의 취미〉에서는 복권을 화제로 하고 있다. 이들 작품들은 시점의 차이뿐, 존재 응시와 일상의 투시일 것이다.

 조용하다. 모니터 앞에서 복권당첨 검색을 하는 그에게서 아무 소리가 없다. 또 꽝인가 보다. 지난주에는 그래도 오천 원짜리가 당첨되었는데 이번에는 그마저도 안 되었는가 보다. 왜 그런 것은 자꾸 하느냐고 곱지 않은 눈길을 보내면서도 설거지 소음을 죽이면서 작은 것이라도 되지나 않을까 기대를 하며 남편의 움직임을 살핀다.

   지난해만 해도 로또에 전혀 관심이 없던 이가 갑자기 위기의식을 느꼈는가. 하고 싶은 일이 생겼는가 매주 복권 몇 장씩 사들인다. 당첨만 되면 할 게 많단다. 안 된다 해도 복권을 사는 것 그 자체가 불우이웃 돕기에 일조하는 거니까 별로 나쁘지는 않다고 한다.

- 〈그의 취미〉에서

   수필은 이렇게 작가와 현실의 정서적 등가에 놓인다. 지설완의 수필은 자기관조와 투영이라는 다난한 현실 위에 구축한 정서적, 사변적 깃발이다. 이런 경향성은 〈비범함이 증명되는 순간〉에서 더욱 두드러진다. 남편이 병원 응급실에 있다는 전언은 화자로 하여금 절체절명의 위기감과 남편의 퇴원 후 일상으로 귀환한 '달콤하다'라는 표현에서 보듯, 정서적 차이를 보여준다. 어쩌면 삶과 죽음이라는 경계에 서 있는 존재의 자각이다. 그래 지설완의 수필은 인간학으로 향해 진행되고 있다.

누군가 '매일 그날이 그날이야.'라고 투덜거리면 '지금 당신이 얼마나 행복한지 모르는군, 참 한심한 사람이네.'라고 핀잔을 주고 싶을 정도다. 그 평안이 나에게 사라질 뻔했다. 그 날 하루 종일 안고 다녔던 남편의 찢겨진 옷들을 지금도 버리지 않았다. 혹시 남편이 나를 화나게 하면 좀 치사하지만 에이스카드로 쓰려고 한다.

— 〈비범함이 증명되는 순간〉에서

라는 언술이 진정성 있게 다가온다. "비범한 사람은 그냥 떠나는지도 모를 일이다. 하여 이번 일로 남편의 비범함이 증명이 될 수밖에 없었다."는 결미의 진술이 설득력 있게 다가온다. "낯선 것을 두려워하지 말라."고 니코스 카잔차키스Nikos Kazanzakis는 말했던가. 그의 묘비명에는 "아무것도 바라지 않는다/ 아무것도 두렵지 않다/ 나는 자유롭다."고 했다. 우리 인생도 이와 다르지 않을 것이다. 사노라면 내 마음대로 직조할 수 없다. 시대라는 씨줄과 내 의지라는 날줄이 맞아야 한다. 낯익은 사물에 대한 통속성은 이 수필에 이르면 새로운 해석과 의미화의 소중함을 보여준다.

3. 영혼의 미세한 풍경 그리기-해체와 통섭의 사이

수필은 그 소재를 생활 속에서 찾아낸다. 생활이 곧 수필이요, 수필이 곧 생활인 셈이다. 그 '일상'이란 너무도 낯익어서, 대체로 무심히 지나쳐버리기 일쑤이다. 무심한 눈에는 아무것도 띄지 않는다. 그러므로 생활 속에서 참신한 소재를 찾으려면 익숙하고 낯익은 것들을 '낯설게' 바라볼 수 있는 시선이 필요하다. 수필 〈728〉은 언어적 성찰이 돋보인다. 수필의 언어는 곧 진리의 집이다.

"아들이 결혼하고 몇 년이 지나도록 아기가 없었다." → "그렇게 해가 바뀌고 바뀌던 어느 추석날 여느 때처럼 아들 부부가 왔다. 그는 우리에게 좋은 일이 생겼다고 한다." → "검진받던 병원에서 며느리와 태아에게 문제가 생겼다는 것이다." → "엄마의 안락한 자궁에서 3개월을 더 있어야 했는데 어쩔 수 없이 이 세상으로 아기는 나올 수밖에 없었다." → "우리의 최대 관심사와 대화는 아기가 몇 그램 늘었는지였다." → "아기는 그렇게 두 달 열흘이 지나 간신히 이 킬로그램이 되어서 자기 집으로 돌아갔다."

평면진술로 진행된 이 수필은 '728'이란 숫자에 초점을 두고 낯익은 사태를 낯선 사태로 이끌고 있다. 여기 언어적 기표가 보여주는 진리는 그저 서사적 스토리텔링이 아니다. 부모와 자식 그리고 태아와의 관계 형성에서 이루어지는 미묘한 접합은 "언어가 말하다."라고 선포했던 하이데거M. Heidegger의 언명처럼 '언어는 진리의 집', 즉 로고스logos가 된다. 마치 숙련된 요리사가 재료를 다루듯 작가의 언어가 하나의 살아 있는 그림처럼 사태事態를 보여준다.

사유의 시각화는 들뢰즈Gilles Deleuze의 언명과 같이 "새로운 세계로의 무한한 확장"이 있을 때에 작가로서 독자들에게 새로운 풍경을 보여 줄 수 있을 것이다. 수필 〈칡향〉이 그러하다. 이 수필은 해체와 통섭을 통해 영혼의 미세한 풍경에 포커스를 맞추고 있다.

> 삶의 법칙은 적자생존인가. 아름다운 것은 자신을 지키기 위한 칼을 품고 있다. 아름다운 것은 독이 있다. 지나친 이분법이고 편협한 고정관념이겠지. 하지만 그렇게 틀린 말도 아니다. 비가 온 뒤 숲에는 버섯이 눈에 쉽게 뜨인다. 애석하게도 고운 색을 가진 버섯은 독버섯이다. 독사도 화려한 색으로 치장을 하고 있다.
>
> — 〈칡향〉에서

는 요지가지한 사물의 안과 밖의 감추어진 진실에 집중하고 있다. "'나도 나무를 녹이는 요염한 칡넝쿨이 되어봤으면' 여유 있는 내 몸매를 이리저리 비추어 본다."라는 결미의 진술이 들뢰즈의 언명처럼 해체와 통섭을 통해 영혼의 미세한 풍경을 그린 수필로 판단된다.

이런 경향성은 〈가면〉에서 더욱 두드러진다. 산행길이다. 한참을 오르락내리락한다. 이윽고 능선이 나온다. 화자는 가능한 맞은 편에서 오는 이들과 눈을 마주치지 않으려 한다. 평화가 찾아온다. 그런데 그런 평화가 곧장 사라진다. 마음에 들지 않는 상황 때문이다.

그 평화는 쉽게 사라진다. 또 마음에 들지 않는 상황으로 불안하다. 라디오를 주변 모든 이들이 듣도록 배려하는 어진 이들이 마음에 들지 않는다. 그보다 더 불편해지는 상황이 있다. 마주칠 때마다 적의까지 느껴진다. 변형된 얼굴 가리개를 쓰고 다니는 이들이다. SF 전쟁 영화에서 나오는 우주인 괴물을 떠오르게 한다. 선 캡을 눌러쓰고 눈만 살짝 피하고 유령의 표식 같은 얼굴 가리개로 표정을 가린 모습은 편하지 않다. 오늘도 그런 가리개를 한 이들이 나를 지나치려고 한다. 그들은 내 얼굴을 맘껏 보면서 자기들의 얼굴은 나에게 감추고 있다. 자신의 못난 얼굴을 본 사람들이 눈 버렸다고 걱정하는가. 괜히 손해 보는 느낌은 어인 일인가. 나는 내 얼굴을 못 보게 하려고 재빨리 모자를 눌러 쓰고 그도 모자라 고개를 숙인다. 나 혼자서 그들이 얼굴 보여주지 않는다고 툴툴거리고 있는 형국이다. 헛웃음이 나온다.

- 〈가면〉에서

유령의 표지같은 얼굴 가리개가 존재사태의 위협을 불러온다. "그들은 내 얼굴을 맘껏 보면서 자기들의 얼굴은 나에게 감추고 있다."는 낯선 상황이 화자로 하여금 갈등하게 한다. "나는 내 얼굴을 못 보게 하려고 재빨리 모자를 눌러쓰고 그도 모자라 고개를 숙인다."라는 반작용은 영혼의 미세한 풍경이자, 해체의 수순일 것이다.

존 고든Jon Gordon은 그의 저서 《에너지 버스》에서 "누구나 인생에서 위기를 맞는다. 그리고 그런 순간에는 어떤 사람이건 조직이건 회사건 팀이건 부정적인 현실을 극복하고 새로운 성공 시나리오를 그려나갈 수 있는 강력한 '힘'이 필요하다."고 말하고 있다. 문제는 사건을 맞는 우리들 태도Perception일 것이다. 사건은 태도와 함께 새로운 국면을 맞는다. "얼굴의 점만큼이나 '척'을 이곳저곳에 붙이고 있는 내가 가리개를 한 이들에게 불평하고 있다. '착한 척', '너그러운 척', '교양 있는 척' 등등 덕지덕지 붙어있으면서 말이다. 아마도 그 많은 '척'을 가리려면 나야말로 얼굴 가리개 몇 장은 쓰고 나다녀야 할 것이다."라는 결미의 의미화가 이를 해체와 통섭을 잘 보여준다.

4. 섬세와 기하학적 정신의 만남

파스칼의 《팡세》의 첫 장에서는 인간의 두 정신을 말하고 있다. 섬세의 정신과 기하학의 정신이 그것이다. 섬세의 정신은 자신을 향한 구심력의 정신이고, 기하학의 정신은 세상을 향한 원심력의 정신이다. 외부세계를 파악하기 위해서는 육체의 눈이 필요하지만, 내부세계를 보기 위해서는 영혼의 눈이 필요하다. 그런데 우리들 세상살이는 대체로 기하학의 정신으로 인도된다. 파스칼이 말한 섬세의 정신이 점차 멀어져 간다는 말이겠다.

지설완의 수필집 《술꾼의 남편》의 제3부 〈골목 콘서트〉 등장하는 담론들은 지나온 과거의 체험에 기대고 있다. 유년시절 고향과 가족들에 포커스를 맞춘, 그때 그 시절에 화자의 시선이 머물고 있다. 〈골목 콘서트〉를 중심으로 〈말할 걸 그랬지〉, 〈그때가 좋았어〉, 〈남루하지만 그리운〉, 〈어머니의 나들이〉, 〈쇠죽 끓이셨어요?〉 이들 작품들은 표제만 보아도 화자의 시선이 머무는 것에 마음도 머문다. 그냥 스쳐버리기 쉬운 일상 속에 작은 정물 하나에도 그들만의 대화가 있고, 숨결이 있다. "아름다운 저 바다와 그리운 그 빛난 햇빛~"으로 시작되는 〈오 솔레미오〉, "기러기 울어예에는~"의 〈이별〉, 〈만고강산〉등이 아버지의 레퍼토리다. 다른 건 몰라도 라디오나 텔레비전에서 이 노래들이 나오면 어머니와 우리는 아버지의 노래가 자동으로 떠오른다."라는 아버지의 〈골목 콘서트〉를 떠올리는 화자의 마음안에 그리움이 안개처럼 서린다.

이북이 고향인 아버지는 그곳에서 공업학교를 나왔다. 전쟁 후 직장도 놓고 맨몸으로 서울에 자리를 잡았다. 전기 전문이지만 서울에서 직장을 구하지 못했다. 현실은 청년인 아버지의 어깨를 짓누르고 자신의 꿈을 접어야 했을 것이다. 막막한 상황에서 같은 처지의 친구와 어울려서 노래를 하고는 했단다. 마음껏 노래를 하다 보면 희망의 샘이 만들어졌을지도.

아버지는 결혼하고 책임져야 하는 가족이 늘었다. 아이디어가 생겨 물건을 만들려면 자금이 모자라 남에게 그 아이디어를 뺏기기 일쑤이니 상황은 더 어려웠다고 한다. 지금은 흔한 양철 필통을 그 시절 만들어 팔기도 했단다. 조금도 나아지는 것 같지 않자 어머니는 돌이 안 된 나를 삼촌에게 맡기고 직장을 찾아보려고 하기도 했단다. 삼촌은 우는 조카를 달래느라 부엌에 매단 삶은 보리를 먹였는데 그 보리밥알을 잘 먹고 울음도 그쳤단다.

― 〈골목 콘서트〉에서

고단했던 아버지의 삶을 떠올리며 "'아름다운 저 바다와 그리운 그 빛난 햇빛~'을 시원하게 부르면서 그리운 고향을 다시 떠올리고 아버지는 자신을 위로하고 추슬렀을 것이"라는 화자의 해석이 섬세와 기하학적 정신을 함께 들어 올리고 있다.

우리는 대체로 하잘것없는 잡다한 화물로 입추의 여지가 없는 적재함에 입고를 거부하며 살고 있지 아니한가. "추억은 과장이 끼어들게 마련이다. 덧칠하기도 하고 기억하고 싶지 않은 부분은 빼버리기도 한다. 뒤에 남은 사람들이 그 일을, 또는 그 사람을 기억하면서 행복하고 즐겁다면 과장된 추억이라고 해도 자기 몫을 다하는 것이 아닐까."라는 결미의 진술이 설득력 있게 다가옴은 섬세와 기하학적 정신이 만나 조화를 이루기 때문은 아닐까.

도저히 꽃이 필 수 없다고 생각하는 자리에 핀 꽃이 더 아름답다. 쓰레기 더미나 바위 틈새, 시멘트 담장의 균열된 작은 홈통 같은 곳에 "나 여기 있소." 하고 싹을 틔우고 꽃망울을 피우는 꽃을 보면 그냥 눈물이 글썽거려질 만큼 신기하고 대견하다. 여기 섬세의 정신과 기하학적 정신이 만난다.

나의 고향은 꽃피는 산골이 아닌 골목골목 가난한 대문 앞에 연탄재가 쌓여 있는, 어스름해질 때까지 골목에 모든 아이들이 나와 놀던 곳. 대여섯 되는 형제들이 초등학교 동문인 그런 곳. 이웃집 저녁 반찬이 무엇인지 다 아는 곳. 술 한잔으로 거나해진 아버지가 어두운 골목에서 마음대로 콘서트 하던 곳. 내 유년시절의 꿈이 자라나던 그리운 곳. 명륜동 산 1번지 내 고향이다.

— 〈남루하지만 그리운〉의 결미

수도 서울 명륜동 산 1번지는 화자의 고향이다. 그 고향이 남루하지만 지금 작가에겐 그리운 공간이다. 디지털 시대에 아날로그적 발상인가 하겠지만, 우리들 영원한 고향은 모태 같은 고향은 아닐까.

5. 존재인식을 위한 인문학적 성찰

 지금은 삶과 죽음, 인간존재의 의식을 떠올려야 할 때가 아닐지 싶다. 블랙홀을 지나듯 내일을 가늠할 수 없는 불확실성이 현실에서 존재한다. 그 안에서의 삶이 마치 미로찾기를 한다. 수필문학은 이런 인간의 문제에 답하는 장르일 것이다. 인간의 진정한 존재 의미에 대답하고 그 답을 찾아가는 항로가 수필문학일 것이다. 지설완의 수필의 또다른 지형일 것이다.
 수필〈우물〉을 보자. 아주 작은 우물이다. "한여름 우물가에 돗자리를 깔고 앉아 있으면 땀이 식는다. 바람이 물을 건드리면 그 바람은 시원해진다. 우물가는 골목 꼬마들의 놀이터가 되기도 하고 집으로 가다 다리 쉼을 하는 곳이다." 이런 우물이 화자에겐 무한한 상상과 존재인식의 단서로 작용한다. 화자는 그 우물과 다시 만나게 되었다.

　결혼 후 아이가 육 개월 무렵에 다니던 직장을 그만두고 잠시 친정 곁에서 살게 되었다. 그때 내가 사는 방은 서향이다. 오후 두세 시쯤의 한여름은 난로를 끌어안고 사는 것 같았다. 돗자리를 들고 아이와 우물로 간다. 그곳에서 잘 먹으려 하지 않는 아이에게 밥을 먹이기도 하고 먼지와 땀으로 얼룩진 얼굴과 손을 우물물로 씻기기도 한다. 아이의 얼굴은 말끔해지고 더위도 식힌다.

    그 우물이 악연이 될 뻔했다. 두 돌이 막 지난 삼 월말쯤 이른 저녁시간이었다. 삼월은 늘 그렇듯 바람이 불고 추웠다. 시금치된장국을 끓이려고 할 때 대문 소리가 난다. 내다보니 낯선 이가 기웃거렸다. '이 집 아인가…' 라는 것 같다. 아이는 텔레비전을 보고 있을 텐데 하면서도 가슴이 두근거렸다. 방에는 아이가 없었다.

- 〈우물〉에서

  '사건[Event]'이었다. 사건은 존재인식의 '태도[Perception]'와 '결과[Out-come]'로서 의미화에 이르고 한다. 화자에겐 그 기억이 예사롭지 않다. "그 우물은 그런 일이 있었는지 아는지 모르는지. 여전히 흘러넘치고 있다. 그런 일이 일어난 당시에는 그 우물을 문을 달기도 했지만, 우리가 이사 가고 몇 년 뒤 보니 우물의 문은 없어졌다."는 인식과 태도가 존재적 자각을 일깨우게 한다.

  제5부의 '히에라폴리스의 유령들'에서 보여주는 기행수필들은 이런 존재인식을 위한 인문학적 성찰의 계기를 만든다. 수필 〈착각〉의 서두는 "비가 내리고 있었다."로부터 열린다. 앙코

르와트 관광이 끝나고 태국으로 가기 위한 국경에서다.

버스는 캄보디아 출입국 관리소 저 너머에 있다. 일행을 놓칠 새라 바삐 움직였다. 드디어 그들이 하나둘 우리 곁에 다가선다. 너무나 마른 아이들이 커다란 눈동자를 반짝이며 손을 내민다. 그 아이들은 이 비를 고스란히 맞고 있다. 부모에게 안겨있어야 할 아이들이 인형을 차듯 갓난아기들을 허리에 차고 있다.

이들을 피해서 국경시장에 정차해 있는 버스에 올랐다. 버스 안에서 밖을 보고 있는 우리와 눈이라도 마주치면 자기 허리에 매달고 있는 아기를 추스르면서 애처로운 눈길로 손을 내민다. 그 아이들은 아기가 비에 맞지 않도록 비닐로 감싸거나 우비를 입고 그 우비로 아기를 가린다. 우리에게 슬픈 눈으로 손을 내밀다가도 생각난 듯 자기가 안고 있는 아기와 눈을 마주치고 웃기도 하고 아기가 울면 들고 있는 우유병을 아기 입에 넣어 주기도 한다. 그러다 버스 안에 있는 우리에게 그 아기를 보라고 비닐 자락을 들쳐 보인다. 언제 구걸을 했냐는 듯 안고 있는 아기를 어르고 있는 아이도 있다. 그 아기는 방긋 웃고 있다.

- 〈착각〉에서

부모에게 안겨 있어야 아이들이 비를 고스란히 맞으며 인형을 차듯 갓난아기들을 허리에 차고 커다란 눈동자를 반짝이며 손을 내밀어 구걸을 한다. 페이소스를 일으킬 장면이지만 당자인 아이들은 그렇지 않다. "우리에게 슬픈 눈으로 손을 내밀다가도 생각난 듯 자기가 안고 있는 아기와 눈을 마주치고 웃기도 하고 아기가 울면 들고 있는 우유병을 아기 입에 넣어주기도 한다."는 이 존재적 사태가 화자로 하여금 존재인식의 인문학적 성찰의 빌미를 제공한다. "국경에서 구걸하거나 우산을 씌워주는 대가를 받는 그 아이들이 몸은 고달프지만 내가 알량하게 생각하는 것만큼 비참하게 생각하지 않을지도 모른다."라는 화자의 착각이 존재인식에 이르게 한다. 이런 인문학적 성찰은 그의 기행수필 도처에서 만나게 되는 또 다른 수필적 지형일 것이다.

존재인식은 그의 선적禪的 수필들에서 더욱 두드러진다. 화자가 체험한 진정한 '나의 보살'은 어떤 경우를 적시摘示하는가. 수필 〈나의 보살〉은 생전예수재일을 화제로 하고 있다. '살아 있는 동안 내 자신에게 재를 지내는', "나를 위해 미리 재를 지내 업장소멸을 하는" 법회다.

그 아기는 오늘도 또 부시럭거린다. 번개 뒤의 천둥소리의 관계처럼 곧이어 할머니가 아기를 야단친다. 아기의 소란보다 할머니 굵직한 사투리로 야단치는 소리가 더 신경이 쓰인다. 주변에 앉아 있는 이들이 그 조손의 소란에 한 번 이상씩 고개를 돌려 거슬린다는 표시를 한다.

저 할머니는 아무리 손녀가 이뻐도 그렇지 아직 말귀도 알아 듣지도 못하는 아기를 예불시간에 데리고 올건 뭐람. 며느리가 직장을 다녀도 그렇지. 혹시 이혼한 아들의 아기를 키우시나. 아무렴 딸의 아기를 법당까지 데리고 오면서 봐주진 않을 거야.

스님의 법문이 계속 이어진다. 스님은 거슬릴텐데 전혀 표를 내지 않는다. 역시 우리 대중들과 다르긴 다르다. 저렇게 아이 가 울면 데리고 나가야지. 괜스레 스님이 야단을 칠거라느니, 선생님이 싫어할 거라느니 하며 아이 등을 탁탁 친다.

- 〈나의 보살〉에서

이 수필 역시 '사건[Event]'은 존재인식의 '태도[Perception]'와 "나에게 어떤 일이 온 것은 좋은 일이나 나쁜 일이나 내가 받을 만한 어떤 연유가 되는 행동이나 생각을 했으리라. 갑자기 그 할머니와 아기는 나를 깨우치게 하는 보살로 다가온다."라 는 '결과[Out-come]'를 통해 존재사태의 자각을 가져온다. 그들이 다름 아닌 '나의 보살'이 된다.

이들 지설완의 수필에서 보듯 존재는 그 자체만으로도 어둠 속에 갇혀 있다. 다만 그것이 언어의 창문을 통해서 우리들에게 인식될 때 비로소 빛을 받고 그 윤곽을 드러낸다. 바로 지설완 수필 읽기의 매력일 것이다. 이런 의미에서 "언어는 존재의 집이다."라는 하이데거의 말은 설득력을 갖는다.

6. 에필로그

지금까지 살펴본 작가 지설완의 수필집 《술꾼의 남편》의 작품세계는 큰 줄기인 '영혼의 미세한 풍경, 섬세纖細와 기하학幾何學적 정신의 융합' 안에 작은 줄기로 '존재의 응시와 일상의 투시', '영혼의 미세한 풍경 그리기', '섬세와 기하학적 정신의 만남', '존재인식을 위한 인문학적 성찰'로 나누어 살펴보았다. 이들을 융합하여 수필집 《술꾼의 남편》에서 구현되고 있는 수필적 지형은 한 마디로 메네르바의 올빼미에 비유하였다. 등단 후 30년 만에 맞이한 처녀작이라는 의미에서 그저 상찬을 위한 빈말이 아님은 저자의 텍스트인 작품으로 대변되리라 생각한다. 작가의 장도에 축하의 박수를 보내고 싶은 그 심회의 일단을 '메네르바의 올빼미'로 압축하고 싶다. 그래 그의 내일에 직무유기가 아닌 진정한 작가로 다시 태어났으면 한다.

그의 첫 수필집이 예사롭지 않음은 후속작품들이 철학카페에서 줄줄이 대기하고 있음으로도 충분히 예견된다. 그의 성채 城砦인 《술꾼의 남편》은 모두의 진술과 같이 독자에게 따스한 정감과 아울러 사유의 깊이를 보여주기에 충분할 것이다. "자주 철학으로 돌아가 휴식을 취하라. 그러면 너의 생활도 훨씬 견디기 쉬워질 것이다." 이는 로마의 황제였던 마르쿠스 아우렐리우스의 언명이다. 그는 바쁜 일과에 휘둘리지 않았다. 하루에도 몇 번씩 일상의 작전타임을 가졌다. 홀로 생각하며 자기가 제대로 판단하고 처신하는지 스스로 되물었다고 한다. 그 사색의 결과를 담은 책이 바로 《명상록》이다. 지설완의 수필은 그런 철학카페에서의 사색의 결과물이지 싶다. 끝으로 이 기회를 빌려 진정한 철학카페의 주인이 되길 기대한다.

지설완 수필집

술꾼의 남편

인쇄 2024년 5월 16일
발행 2024년 5월 20일

지은이 지설완
발행인 서정환
펴낸곳 수필과비평사
주소 서울시 종로구 삼일대로 32길 36(익선동 30-6 운현신화타워) 305호
전화 (02) 3675-3885 (063) 275-4000 · 0484
팩스 (063) 274-3131
이메일 essay321@hanmail.net
출판등록 제300-2013-133호
인쇄·제본 신아출판사

저작권자 ⓒ 2024, 지설완
이 책의 저작권은 저자에게 있습니다. 서면에 의한 저자의 허락없이 내용의 일부를 인용하거나 발췌하는 것을 금합니다.
COPYRIGHT ⓒ 2024, by Ji Seolwan
All right reserved including the rights of reproduction in whole or in part in any form.
저자와 협의, 인지는 생략합니다.
잘못된 책은 바꿔 드립니다.

ISBN 979-11-5933-509-9 03810
값 16,000원

Printed in KOREA

*이 수필집은 2023년 한국예술인복지재단의 창작지원금으로 발간되었습니다